ENCICLOPEDIA de los DEPORTES de AVENTURA

CRISTIAN BIOSCA ROLLAND

Advertencia:

En este libro usted encontrará una amplia información, pero las prácticas de deportes o actividades que aparecen mencionadas deben realizarse bajo la supervisión de un profesional. Durante ellas deben respetarse todas la leyes vigentes. Por lo que, tanto los editores como el autor no aceptan ninguna responsabilidad por juicios o acciones judiciales, presentados contra persona o institución alguna, como resultado del uso o mal uso de cualquiera de las técnicas descritas en este libro, que puedan ocasionar daños y perjuicios.

ENCICLOPEDIA de los DEPORTES de AVENTURA

© **EDIMAT LIBROS, S. A.**
Calle Primavera, 35
Polígono Industrial El Malvar
28500 Arganda del Rey
MADRID-ESPAÑA
www.edimat.es

ISBN: 84-9764-482-4
Depósito Legal: M-7269-2004

Autor: Cristian Biosca
Título: Enciclopedia de los deportes de aventura

Quiero agradecer la colaboración de Ángel García, del fotógrafo Jean Capdevielle y de las empresas Rafting Llavorsí, y Yeti Emotions, que desinteresadamente me cedieron algunas de sus imágenes para ilustrar éste libro.

Impreso en COFÁS

IMPRESO EN ESPAÑA - PRINTED IN SPAIN

CONTENIDO

INTRODUCCIÓN

Los deportes de aventura, comúnmente denominados de riesgo, proliferan actualmente pues son un medio de escape para el hombre moderno. El estilo de vida que llevamos nos obliga a convivir diariamente con el estrés y a la vez a llevar una vida en exceso sedentaria. Ambas situaciones precisan de una válvula de escape, un modo de liberar la tensión, algo que cumplen a la perfección los deportes que se practican al aire libre.

En estas actividades deportivas existe un riesgo inherente, por el simple hecho de desarrollarse en plena naturaleza, un medio cambiante e impredecible, y por descontado por las características propias de cada deporte. Sin embargo, las mejoras en materiales, equipos y técnicas han convertido a la mayoría de ellos en prácticas considerablemente seguras, por lo que sería más correcto hablar de «deportes de aventura» o «que se practican al aire libre», ya que ambas definiciones se acercan más a la verdad que el apelativo «de riesgo».

Como es natural, gran parte de la seguridad que se ha logrado en estas disciplinas es fruto del aprendizaje de las técnicas, de la observancia rigurosa de unas normas básicas de actuación y de una forma responsable y madura de afrontar cada nuevo reto. Una aventura no debe basarse jamás en un tiro a ciegas, en un juego de probabilidades donde se apueste nuestra vida o nuestra integridad física. Las aventuras, al menos aquellas que buscamos conscientemente, deben caracterizarse por un entorno natural de gran belleza y por una actividad que se desarrolle más allá de los límites ordinarios de nuestras vidas.

Los imprevistos, los accidentes y las sorpresas son condimentos siempre presentes a los que no es necesario añadir la irresponsabilidad o la indolencia.

Por todo ello debe quedar claro que este libro solo pretende ser una aproximación a cada uno de los deportes que en él aparecen. A cada uno se le dedica un máximo de diez páginas por lo que nunca podríamos sustituir las enseñanzas de un profesional por los textos de este libro. Pero aun en el caso de que se tratase de un volumen específico de cada deporte, incluso si fuese el libro de texto de una escuela oficial o de una federación, jamás podemos basar toda nuestro aprendizaje de una de estas actividades en la lectura de un libro. Necesitaremos aprender las técnicas de un buen maestro, en un lugar adecuado y utilizar los libros como lo que son, una referencia, un manual de consulta para estudiar.

Si movidos por la lectura de este libro nos decidimos a iniciarnos en alguno de los deportes de los que se hablará más adelante, seguiremos un proceso progresivo y lógico. Lo más sensato es contactar con la federación regional correspondiente y solicitar la información oportuna. A través de esa federación o de alguna escuela especializada recibiremos la formación adecuada y los manuales específicos.

El rafting es una de las actividades de aventura más conocidas y apasionantes.

Tras todo ello iniciaremos un aprendizaje progresivo, aumentando el nivel de dificultad a medida que nuestras habilidades y conocimientos lo permitan.

Durante todo ese tiempo, nuestro sentido más importante será, sin duda, el sentido común. A él deberemos remitirnos cuando surja cualquier duda. Si no estamos seguros de poder afrontar o superar un obstáculo deberemos detenernos a pensar, calibrar nuestras posibilidades, los riesgos y nuestra capacidad. Si evaluando la situación decidimos retirarnos a tiempo estaremos demostrando profesionalidad. A partir de ese momento nuestra meta puede ser adquirir los conocimientos necesarios para afrontar nuevamente ese obstáculo en el futuro, pero con una garantía de éxito.

Para minimizar los riesgos, un paso importantísimo es una buena planificación. Conocer el terreno donde se desarrollará nuestra activi-

dad, la fauna y la flora característica, la distancia desde el mismo a los núcleos urbanos más cercanos, las fuentes, las autoridades, los hospitales, etc., no sólo aumentará nuestra seguridad, además nos permitirá disfrutar de forma más plena de nuestra experiencia.

Por descontado también nuestro equipo debe estar en las mejores condiciones posibles. Una revisión meticulosa del mismo, antes y después de nuestra actividad, y prodigarle los cuidados necesarios nos garantizará que funcione correctamente cuando sea necesario. Como norma, después de una dura jornada de deporte al aire libre y antes de abandonarnos a un merecido descanso, limpiaremos y almacenaremos nuestro material de forma adecuada.

Como es natural todas estas recomendaciones y consejos no eliminarán por completo los riesgos. Pero sí los reducirán hasta convertirlos en un aliciente más para nuestra experiencia.

Mantenimiento y cuidados del equipo

Otra de las sensaciones que ofrecen los deportes que se practican en la naturaleza es la tranquilidad y el descanso.

El ala delta es un deporte que requiere un aprendizaje minucioso y que ofrece unas emociones incomparables.

El equipo de los deportes que vamos a tratar en las próximas páginas puede ser muy variado y precisar de unos cuidados específicos, pero en cualquier caso siempre deberemos tener en cuenta ciertos factores y agentes que pueden dañarlo.

Siempre guardaremos nuestro equipo limpio y seco, en un lugar libre de la humedad y protegido de los rayos directos del sol. Las temperaturas extremas pueden deteriorarlo. En el almacenaje y el transporte, cada elemento deberá estar protegido de roces, golpes, etc. Nunca guardaremos o transportaremos nuestro equipo junto a fuentes de calor, productos químicos, aristas, etc. El equipo no debe pisarse (cuerdas, velas, neoprenos...). Nunca lo almacenaremos en posiciones forzadas o en posturas inestables. Siempre que utilicemos nuestro equipo en el mar deberemos

«endulzarlo» tras su uso, es decir, lavarlo abundantemente con agua dulce.

Bajo ningún concepto realizaremos modificaciones de ningún tipo sobre los equipos, dejando las mismas, en caso de ser necesarias, a profesiona-

les cualificados. Las reparaciones deben efectuarse con el mismo criterio, de forma que si necesitan la mano de un experto y ése no es nuestro caso, no los realizaremos nosotros mismos.

Es aconsejable al iniciarse en una actividad adquirir material de segunda mano. Será ese material el que sufra nuestros primeros errores e indudablemente será más barato. Sin embargo, hay determinados elementos que nunca deben ser de segunda mano, como las cuerdas o los arneses, por ejemplo.

MEDIO AMBIENTE

Los deportes de aventura se caracterizan por desarrollarse en marcos naturales de gran belleza. Mantenerlos así es también responsabilidad nuestra. Una de nuestras máximas debe ser dejar cada lugar tal y como lo encontramos, o mejor aún.

La naturaleza es un medio frágil y en perpetuo equilibrio. La acción aparentemente más insignificante puede alterarlo y tener graves consecuencias para el ecosistema, del que también formamos parte nosotros. Una actitud responsable hacia el medio ambiente garantiza su conservación.

El cuidado del equipo de cualquier disciplina deportiva es una garantía de seguridad.

ALA DELTA

El ala delta es un deporte que podría considerarse actual a pesar de responder a uno de los sueños más antiguos del hombre: conquistar el aire.
Un artilugio fabricado con tela y aluminio nos permitirá acercarnos a un medio totalmente diferente al habitual, el aire, y descubrir nuestro mundo desde otra perspectiva, desde un nuevo ángulo que lo convertirá en otro totalmente diferente.

Volar, el viejo sueño del hombre, se hizo posible a principios del pasado siglo, coincidiendo con una era de fabuloso desarrollo industrial y notables avances en la ingienería.

La idea original era volar con la facilidad y la belleza con que lo hacen los pájaros, pero muy pronto esa idea quedó enterrada bajo la intención de aprovechar esos nuevos inventos para obtener más poder. Así, el sueño romántico se eclipsó con la I Guerra Mundial, pero no se olvidó, de hecho recibió un importante impulso.

Investigadores, científicos, pilotos y aficionados se hicieron famosos en esta época, entre ellos Wolf Hirth, quien fuera el primero en descubrir el uso real de las térmicas. Otros muchos mantuvieron vivo el sueño, como Willi Pelzner, que en 1911 construyó un planeador con metales viejos y consiguió realizar un vuelo desde una colina, aunque de escasa altura. El alemán Fredic Harth consiguió mantenerse en el aire por un período de dos minutos sobre la Selva Negra; Ferdinand Schultz construyó su propia máquina voladora y, en 1923, realizó un vuelo de 6 minutos de duración; sir George Cayley fue el artífice del primer «paracaídas dirigible».

Los primeros experimentos trataban de imitar la estructura aerodinámica de los pájaros, únicos ejemplos disponibles para las máquinas voladoras. Francis Rogallo y su mujer perseguían el desarrollo de un diseño realmente efectivo, lo que fue un importante beneficio para el Programa Espacial de la NASA.

F. Rogallo comenzó a trabajar para la NASA en la década de 1940, y en los años posteriores consiguió cerca de 20 patentes, algunas de ellas compartidas con su mujer. El inicio de la afición por las alas delta, en la década de 1960, hizo un uso inevitable de los diseños de Rogallo, hasta el punto de que las primeras alas recibieron su nombre. Pero fue otra patente de este ingeniero de la NASA la que impulsó definitivamente este deporte. En 1972, con un sistema ideado para amortiguar la caída de las cápsulas espaciales en la maniobra de reentrada en la atmósfera terrestre, se dio el gran salto hacia el futuro del vuelo.

El éxito de Rogallo fue la simplicidad de su diseño, su ligereza, su robustez y los bajos costes, que permitieron, de forma definitiva, poner el vuelo al alcance de todo aquel que quisiese cumplir el viejo sueño de la humanidad: volar con la gracia y la belleza de las aves y sirviéndose de las mismas fuerzas que ellas, las de la naturaleza.

REQUISITOS

Esta disciplina requiere un aprendizaje relativamente largo, comparado con el vuelo en parapente, por ejemplo, por lo que nuestro primer contacto con ella será a través de una escuela, donde nos enseñarán todo lo necesario y nos aconsejarán sobre qué tipo de cometa es más aconsejable al principio. Por regla general comenzaremos con alas de iniciación, cuyo control es más sencillo y cuyas respuesta a las acciones del piloto permiten cometer más errores.

Equipo

Estructura principal del ala delta.

Mástil. Las alas sin mástil o top-less *se conocen también como «calvas».*

Es necesario mantener el equipo en perfectas condiciones, realizando todas aquellas reparaciones necesarias antes de guardarlo. Si encontramos cualquier desperfecto que requiera la intervención de profesionales, jamás debemos arreglarlo nosotros mismos y bajo ninguna circunstancia volaremos cuando esos desperfectos puedan suponer un peligro. Ante la más mínima duda optaremos por aplazar nuestro vuelo.

También es importante destacar que cada pieza de nuestro equipo es fruto de una evolución en las técnicas y los materiales, del aprendizaje de muchos otros pilotos, que antes que nosotros ya volaban. Sustituir a la ligera una pieza del equipo por una de fabricación propia o de procedencia dudosa es, además de un grave error, una actitud poco responsable y arriesgada, lo que nunca es conveniente cuando se practican deportes que ya de por sí entrañan un riesgo.

La cometa

Veamos las diferentes partes del ala y los nombres que reciben, pues independientemente del uso que vayan a recibir, todas cuentan con unos elementos comunes que deberemos conocer.

El ala es una cometa triangular, elaborada con materiales sintéticos, tubos de aluminio y cables de acero, con dos propósitos fundamentales: ser extremadamente resistente y a la vez muy ligera.

En su estructura principal se destacan ciertas partes. Además de las barras situadas en el borde de ataque y que se unen con la quilla en su parte delantera, las alas también cuentan en su interior con dos barras transversales. Los sables se distribuyen a lo largo del ala y son como costillas; junto con la quilla y las barras transversales constituyen la estructura que da al ala su forma, envergadura y perfil.

El montaje de la cometa es un proceso que requiere mucha atención y en el que, además de conformar el ala que nos permitirá volar, deberemos repasar cada punto de la estructura en busca de posibles desperfectos o daños. En ocasiones podremos repararlos allí mismo, pero en otras nos veremos obligados a suspender nuestros planes y recurrir a una reparación más concienzuda. La seguridad en el vuelo con ala delta dependerá principalmente del piloto, por lo que deberemos suspender el vuelo ante cualquier duda, ya sea sobre nuestra cometa, nuestra capacidad o sobre las condiciones meteorológicas.

El montaje, a pesar de lo que pueda parecer, es un proceso bastante simple, que se aprende sin problemas y que sólo requerirá una atención cuidadosa.

Colocación de los sables.

Equipo individual

El casco: El casco debe ser ligero, cómodo y no puede dificultar ninguna operación de las que tengamos que realizar en vuelo. Además, en el vuelo de cometa contaremos con una estructura sólida a nuestro alrededor, la del propio ala, con la que es posible golpearse, por lo que será un compañero perpetuo del piloto.

La radio: Otra pieza del equipo que aumenta la comodidad y la seguridad de los pilotos es la radio. Las comunicaciones deben restringirse a lo meramente necesario para evitar interferir en otras más urgentes o importantes. En cada zona de vuelo suele haber unos canales preestablecidos de uso común que hay que respetar.

El variómetro: Es un instrumento de gran utilidad para los pilotos, permitiéndoles conocer las variaciones de su velocidad vertical y su altura, gracias a la diferencia de presión del aire.

El arnés: Los modelos actuales, llamados arneses in-

tegrales, incorporan un saco en el que, tras el despegue, el piloto introduce las piernas y que luego se cierra. De esta forma se vuela más cómodo, se protege del frío y se ofrece una menor resistencia al aire, mejorando sensiblemente el rendimiento al aumentar la penetración. El modo de sujección a la estructura, que antes se hacía mediante nudos, se realiza ahora con cordinos y

Variómetro.

Arnés integral.

Fijación a la estructura.

cintas altamente resistentes, una estructura específica y mosquetones.

La vestimenta: Adecuaremos nuestra vestimenta al lugar y la época de vuelo y también, claro está, a la duración y recorrido del mismo. Una vez en vuelo, la falta de abrigo será un factor determinante para convertir nuestra aventura en un suplicio e incluso obligarnos a aterrizar. La temperatura desciende a medida que ganamos altura, por lo que siempre será aconsejable prevenir esto para evitar males mayores en el aire.

Los guantes deberán formar parte de nuestro equipo en todas las épocas del año.

El calzado, igualmente, deberá cumplir con ciertos requisitos. Las botas que elegiremos deberán resultar cómodas, ligeras, contar con una suela que se agarre bien al terreno y ser lo suficientemente altas como para envolver los tobillos y evitar torceduras en la fase de despegue y aterrizaje.

Otros instrumentos: Algunos pilotos instalan GPS (Global Position System) en sus cometas, lo que les permite conocer en todo momento su posición, sus coordenadas, gracias a la información que reciben vía satélite. Así, pueden tambien conocer con exactitud el lugar en el que han aterrizado y cuál ha sido su trayectoria de vuelo.

En ocasiones se instala sobre la cometa una placa solar que proporciona la energía suficiente para el funcionamiento de todos los aparatos. Estos son, en cualquier caso, al igual que el buscatérmicas, instrumentos opcionales.

Lo que necesitaremos en primer lugar y principalmente serán la radio y el variómetro. Ambos instrumentos serán de gran utilidad y redundarán en la calidad y seguridad de nuestro vuelo. Muchos variómetros incorporan multitud de extras que nos proporcionarán gran cantidad de información sobre nuestra posición y nuestro entorno.

Los guantes protegen nuestras manos del frío de las alturas. A la derecha un GPS y una placa solar que abastece de energía a los instrumentos.

Técnica

Es necesario aprender la técnica necesaria en una escuela, donde profesionales con amplia experiencia nos indiquen los pasos a seguir. Lógicamente realizaremos un avance progresivo, acompañando clases teóricas y prácticas hasta que consigamos volar por nosotros mismos.

Las siguientes páginas sólo deben servir como referencia y nunca como maestro. Por las características de esta obra es preciso resumir muchos temas, tocar otros sólo de pasada e incluso dejar algunos, por considerarse avanzados para las pretensiones de este libro. Dicho lo cual pasamos a describir cómo deben manejarse los principiantes.

Primeros pasos

Para tomar contacto directo con la cometa y aprender a conocer sus reacciones realizaremos carreras de práctica en un área relativamente plana, con vientos suaves. De esta forma

LAS TÉRMICAS

Como efecto directo del calentamiento del terreno por el sol, el aire próximo al suelo sufre un aumento de temperatura que le obliga a ascender. Este proceso es continuo y su resultado es una columna de aire caliente ascendente que se conoce como térmica y que es utilizado por algunas aves, como los buitres, para mantenerse en vuelo con un mínimo esfuerzo.

Aunque las aves son las pioneras en el aprovechamiento de las térmicas, muy recientemente el hombre también ha podido servirse de ellas para el mismo propósito, con la colaboración, entre otros inventos, de las alas delta y los parapentes.

Las térmicas tienen una estructura, invisible pero muy clara, en la que el aire caliente asciende velozmente por su interior, disminuyendo en intensidad hacia los bordes. En los límites de ésta columna de aire hay una corriente de aire descendente que es el mismo que antes subía y que se ha enfriado a medida que ganaba altura.

La intensidad de la zona de ascendencia es mayor que la del aire descendente, por lo que las térmicas nos permitirán ganar altura al entrar en ellas, perdiendo muy poca al salir de las mismas y continuar el vuelo.

Aprender a reconocer el tipo de térmica y los lugares donde se forman será una habilidad fruto principalmente de la práctica, aunque debemos saber que su formación depende, por supuesto, del estado del tiempo ese día, pero también de factores tales como las características del terreno o la intensidad del viento, entre otros.

En la zona de despegue tendremos que esperar pacientemente a que el viento sea favorable y todas las condiciones nos permitan afrontar la maniobra con seguridad y garantía de éxito.

sentiremos el viento bajo el ala, notaremos los efectos de nuestros movimientos sobre la barra de control y la sensación que produce el notar cómo la cometa se eleva y tira de nosotros. Gracias a ello ganaremos confianza y experiencia.

Buscaremos el viento en contra y aprenderemos a colocar la cometa en el ángulo de ataque correcto, para conseguir la adecuada penetración. Iremos realizando vuelos cada vez más largos y de mayor altura, ganando confianza en el nuevo medio y en la cometa, conociendo poco a poco los secretos del vuelo. Tras ello, y en esa fase de aprendizaje progresivo, daremos el siguiente paso.

En primer lugar buscaremos un lugar apropiado para los primeros vuelos, que no deben superar una altura de entre 15 y 20 metros, con pendientes de 15° a 20°. El terreno y las condiciones que elegiremos para esas primeras veces deberán ser óptimas, de forma que no existan complicaciones excesivas y podamos concentrarnos tan sólo en volar.

Antes de volar

Cada aspecto del vuelo, cada maniobra y cada pieza de nuestro equipo serán responsabilidad exclusivamente nuestra. Por ello debemos conocer perfectamente nuestra cometa y ser capaces de realizar un análisis, antes del vuelo, de todas sus partes, su estructura y accesorios para detectar cualquier posible desperfecto o anomalía. En la fase de montaje realizaremos un primer análisis que repetiremos cuando la cometa esté totalmente montada.

Si todo es correcto, nos colocaremos el equipo personal, nos engancharemos debidamente a la cometa y nos aproximaremos a la zona de despegue.

Posición de despegue

Nuestra aproximación al área de despegue la efectuaremos con el morro de la cometa orientado al viento. Deberemos esperar a que las condiciones sean idóneas y a que el área de despegue y el espacio aéreo inmediato estén libres de otros pilotos u obstáculos de cualquier tipo.

La manga de viento de la zona de despegue nos indicará las condiciones precisas de ese momento y nos permitirá alinear la cometa con el viento, de forma que toda su superficie reciba un flujo constante y homogéneo. Una vez estemos seguros de que el viento es el adecuado y de que el resto de condiciones necesarias se cumplen, comenzaremos la carrera de despegue, siempre contra el viento, manteniendo en todo momento la cometa nivelada.

El despegue.

El despegue

Tras los primeros momentos de carrera, una vez que alcancemos la velocidad necesaria, notaremos que la cometa se sostiene en el aire y que tira de nosotros ligeramente hacia arriba, aumentaremos la incidencia presionando hacia delante la barra de control, bajando el morro y aumentando la velocidad. Seguiremos corriendo hasta que el suelo se pierda bajo nuestros pies.

Los primeros momentos son críticos, por lo que mantendremos la barra de control hacia adelante para continuar elevándonos. Debemos cuidar el nivel de las alas y nuestra posición respecto al viento para evitar entrar en pérdida.

El aterrizaje

Nuestros primeros vuelos serán de muy corta duración, pero nos permitirán aprender a conocer las reacciones de la cometa y por descontado las maniobras de despegue y aterrizaje, que serán las mismas independientemente de la distancia recorrida, la altura ganada y la duración del vuelo.

El aterrizaje también se realizará con el viento en contra, lo que nos permitirá controlar el acercamiento al suelo y realizar correctamente la maniobra. En la primera fase de aproximación al área de aterrizaje mantendremos la velocidad y posición de vuelo. Ambos factores deberán ser constantes.

Aumentaremos progresivamente la presión hacia adelante en la barra de control para que nuestro descenso sea suave y aumente la sustentación.

A medida que nos acerquemos al suelo aumentaremos la presión en la barra de control, manteniendo nuestra posición respecto al suelo. La toma de tierra se consigue mediante un perfecto equilibrio de la barra de control, lo que permite un aterrizaje suave. La experiencia necesaria para conseguirlo se obtiene mediante la práctica, de forma que repetiremos ese vuelo corto tantas veces como sea necesario, hasta que estemos completamente seguros

Para conseguir un aterrizaje suave es preciso mantener un perfecto equilibrio sobre la barra de control.

Siempre hay que aterrizar con el viento en contra para poder controlar la maniobra y evitar situaciones como la de la imagen.

de dominar las maniobras anteriores.

Así, poco a poco y siempre acompañados por nuestros instructores que nos irán corrigiendo y enseñando, seremos capaces de despegar sin ayuda, valorando y calibrando las condiciones y actuando en consecuencia. Dominaremos el despegue mediante un control positivo, evitando la tendencia a caer tras él. Nuestra velocidad durante el vuelo será uniforme tanto durante el descenso, como en la curva de aproximación al área de aterrizaje. Asímismo, aterrizaremos suavemente y con precisión.

Llegados a éste punto, nuestro monitor nos considerará aptos para realizar un vuelo intermedio, a mayor altura, recorriendo una distancia también mayor y realizando durante el mismo, algunas maniobras más complejas, como picados, giros, descenso en espiral, etc. Una vez más repetiremos estos vuelos hasta que dominemos a la perfección todas las maniobras.

Maniobras

Picado: Sirve para perder altura y ganar velocidad. Se consigue tirando hacia atrás de la barra de control, con lo que el morro baja y se incrementa la velocidad de la cometa.

Ascenso: En los primeros vuelos de nivel intermedio, a la maniobra de picado le sucederá otra de ascenso, con la que perderemos velocidad y ganaremos altura. Dado que el efecto que pretendemos lograr es el contrario al anterior, también lo será nuestra presión sobre la barra de control, es decir, la empujaremos hacia adelante, pero siempre con un movimiento suave y gradual.

Pérdida de sustentación: Si nuestra velocidad desciende en exceso nos enfrentaremos a una pérdida de sustentación. Hay que saber reconocer esta situación, cuándo se produce y controlarla, por lo que es recomendable practicarla a poca altura del suelo. La forma de salir de ella es ganar velocidad, siempre con movimientos suaves y graduales. Por norma evitaremos cualquier acción brusca sobre la barra de control.

Los giros: Al efectuar un giro deberemos realizar dos acciones diferentes, por lo que se considera una maniobra compleja, que no complicada. En primer lugar, deberemos controlar el espacio aéreo cercano para asegurarnos de que en las proximidades no tenemos otra cometa ni ningún otro tipo de obstáculo, así como que contamos con la suficiente altura.

El cambio de trayectoria puede ocasionar un descenso de la velocidad, con lo que existiría la posibilidad de que se produjese una pérdida de sustentación. Esto lo evitaremos ganando velocidad antes de iniciar el giro, tirando ligeramente hacia atrás de la barra de control. En segundo lugar, desplazaremos el peso de nuestro cuerpo hacia el lado hacia el que queremos girar, empujando la barra de control en la dirección contraria y hacia adelante. Cuanta mayor presión reciba la barra más cerrado será el giro y por lo tanto será más complicado de dominar. Tras

Todas las maniobras deben realizarse con suavidad.

el giro nos centraremos y tiraremos ligera y suavemente de la barra de control.

Los giros se conocen por sus grados y se nombran mediante ellos. Un «ciento ochenta» es un cambio completo de sentido, mientras que un «tres sesenta» es un giro completo tras el que continuamos volando en la misma dirección y sentido.

En los casos anteriores hemos realizado las maniobras con vientos favorables, la forma de actuar cuando el viento, en lugar de ser frontal a nuestra trayectoria de despegue o aterrizaje nos golpea de lado, es diferente.

Hay otras muchas maniobras, como el vuelo en ladera que permite vuelos de larga duración, que nos obligará a avanzar diagonalmente contra el viento para evitar la pérdida de sustentación y las turbulencias que se producen tras la ladera.

Cuando las condiciones son favorables podemos volar gracias al aprovechamiento de las corrientes térmicas. Estos flujos de aire caliente que se elevan, nos permitirán ganar altura de la misma forma que hacen las aves veleras.

GLOSARIO

• Atmósfera: Envoltura de aire que rodea el globo terráqueo.

• Meteorología: Ciencia que estudia los fenómenos relacionados con el tiempo y el clima.

• Troposfera: Zona de la atmósfera más próxima a la tierra, con un espesor aproximado de 12.000 metros, donde se desarrollan los meteoros aéreos, acuosos y algunos eléctricos.

METEOROLOGÍA

Para volar deberemos tener ciertas nociones de meteorología, ya que el medio en el que se va a desarrollar nuestra actividad está en continuo movimiento y sujeto a ciertas reglas y leyes que conviene conocer, tanto para aprovechar las ventajas que nos ofrece, como para escapar de sus posibles peligros.

Por lo tanto es fundamental informarse antes de salir a volar de las condiciones meteorológicas previstas. En el lugar de vuelo volveremos a informarnos y nunca dejaremos de observar el cielo.

Las nubes

Dependiendo de la humedad del aire, sobre las térmicas se pueden formar cúmulos, nubes que se originan por la ascensión rápida del aire. Como pilotos, deberemos conocer los tipos de nubes y sus características, pues en sus inmediaciones se originan corrientes de las que deberemos protegernos o de las que podremos aprovecharnos.

La formación de nubes se debe a la condensación del vapor de agua, lo que está relacionado con la temperatura y la altura. En su interior podemos encontrar diminutas gotas de agua, cristales de hielo o una mezcla de ambas.

El viento

El viento no es más que un desplazamiento del aire causado por las diferencias de presión atmosférica, a su vez relacionadas con las variaciones de la temperatura.

Para medir la velocidad o la fuerza del viento emplearemos un instrumento llamado anemómetro. También nos interesará conocer de él su dirección, determinada por el punto cardinal de procedencia.

Cúmulos.

Estratocúmulos.

Altoestratos.

Cirrocúmulos.

Cirros.

Cumulonimbos.

Estratos.

PARAPENTE

El parapente es un medio rápido y sencillo de hacer realidad el sueño de volar. Tan sólo precisaremos de unos días de aprendizaje y tendremos a nuestra disposición una nueva dimensión para experimentar el mundo. Podremos volar, tal y como hacen los pájaros y disfrutar del silencio y la magia que la propia naturaleza nos había negado.

La historia del parapente comienza a finales de la década de los sesenta del pasado siglo, cuando el hombre pisaba la Luna. La carrera espacial puso a trabajar a los mejores ingenieros para mejorar todos los sistemas y gracias a eso surgieron nuevos avances. Trataban de mejorar los paracaídas convencionales para lo que se concibió la idea de un solo ala, como la de los aeroplanos, que mantuviese su forma y propiedades gracias a el propio aire introducido en su interior.

Se construyó un paracaídas de doble capa y con un particular perfil aerodinámico que permitió aumentar de forma sorprendente la capacidad de maniobra del clásico paraguas de los paracaídas, pues no solo permitía frenar una caída sino también ascender. Los primeros en hacer uso de este invento fueron los paracaidistas, que veían en él la posibilidad de realizar sus prácticas sin la necesidad de un avión, lo que convirtió esta actividad en algo mucho más asequible y práctico.

En 1972 algunos miembros del club de paracaidismo de Annemasse, en Saboya, despegaron de la ladera de una montaña, en Mieussy, mediante un paracaídas de cajones. Allí nació la primera y más importante escuela de parapente de Europa, que aún sigue funcionando.

Se exigió que los parapentes cumplieran unas normas de seguridad, se homologaron los equipos y aparecieron las federaciones que se consolidaron, gracias a los miles de aficionados, a estas nuevas disciplinas y a la seguridad que los avances en técnicas y materiales otorgaron al vuelo libre en parapente.

Es en Francia donde surgen los primeros maestros, Jean Mar Boivin, Cristophe Profit y Eric Escoffier. Desde allí se extiende al resto de Europa y del mundo.

El equipo

El parapente: La tela del parapente está pensada para tener gran resistencia a los esfuerzos que deberá soportar durante el vuelo y a los rayos ultravioletas. Las fibras que forman el tejido son poliamidas y poliésteres, materiales sintéticos, impermeables y de probada resistencia. Todos los cordinos y cintas empleadas, así como el tejido que constituye el ala, trabajan muy por debajo de sus límites de resistencia, lo que multiplica la seguridad.

El parapente está formado por dos capas de tejido, la superior que recibe el nombre de extradós y la interior, llamada intradós. Ambas están unidas por unas piezas de tela colocadas verticalmente que reciben el nombre de costillas o intercajones, que dividen la vela.

REQUISITOS

Las condiciones físicas para volar en un parapente no deben ser excepcionales, es una actividad apta para todos los públicos, incluso para aquellos que sufran vértigo. Es preciso seguir un curso por una escuela reconocida y tener la licencia correspondiente. Todo ello se puede obtener mediante un curso de aprendizaje que puede durar unos 6 días, tras el cual seremos capaces de volar por nosotros mismos.

Siempre será conveniente continuar un tiempo más volando con la escuela, lo que nos permitirá aprender muchas más cosas necesarias para disfrutar al máximo de las múltiples posibilidades de este deporte. El éxito del parapente que ha llevado a miles de aficionados a volar, reside en la simplicidad de manejo y los reducidos costes. A pesar de ello su práctica comporta un riesgo, que depende en gran medida del piloto y de su responsabilidad.

Los intercajones poseen unos orificios, llamados alveolos, cuyo propósito es permitir que el aire circule libremente entre los cajones, que son cada una de las divisiones de la vela. El número de divisiones es diferente dependiendo del modelo de parapente. Los cajones, a su vez, están divididos por las celdas.

El borde de ataque está formado por las bocas de los cajones, mientras que el borde de fuga lo forma la unión, en la parte posterior del parapente, del

extradós y el intradós. A ambos lados de la vela encontramos los estabilizadores, dos piezas de tela.

Los suspentes y elevadores: De la vela parten los suspentes, cordinos que se unen a la silla a través de los elevadores. Estas correas tienen una gran resistencia y son cuatro, dos anteriores y dos posteriores.

Los suspentes van del intradós, al que están cosidos, a los elevadores. La forma común de designarlos es mediante una letra. Si partimos del

Estructura de un ala.

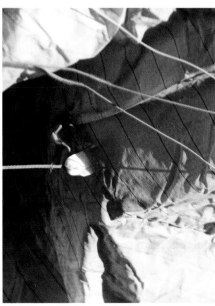

Unión de los suspentes a la vela.

Los estabilizadores, en los extremos de la vela.

borde de ataque, las hileras de suspentes que encontramos se van designado con una letra, A, B, C y así sucesivamente. En el borde de fuga encontraremos los cordinos que corresponden a los frenos.

Los cordinos se unen a los elevadores mediante un maillón y estos a su vez mediante un anillo a la silla. Las cintas son estáticas, es decir no son elásticas, y su resistencia es superior a los 2.000 kilos. Para que los elevadores mantengan sus prestaciones deben sustituirse cada cierto tiempo, al igual que los suspentes. La forma de la vela, su curvatura, está directamente relacionada con la longitud de los cordinos, por lo que es fundamental que no sean elásticos. Los constructores otorgan a cada uno de los elementos un periodo de vida útil, a partir del cual su efectividad no será la misma. Por regla general, ese tiempo establecido tiene un amplio margen, sin embargo, y aunque aparentemente

Unión de los cordinos a la silla.

esos elementos se encuentren en perfecto estado, conviene respetar esas exigencias, que en el caso de los cordinos está establecido en dos años. Si utilizamos el parapente con frecuencia, deberemos sustituirlos antes aún, operación que solo puede llevarse a cabo en lugares especializados.

La silla: El modelo más extendido cuenta con una tablilla, un auténtico asiento, que permite al piloto sentarse una vez iniciado el vuelo. Para vuelos más largos encontramos sillas anatómicas que se adaptan perfectamente al cuerpo del piloto y que son extraordinariamente cómodas, convirtiendo el vuelo en un agradable paseo por las nubes.

Actualmente se tiende a conseguir en las sillas estructuras con la suficiente rigidez como para que la posición del piloto durante el vuelo sea la correcta, para prevenir problemas de espalda y además, protegerla de posibles y eventuales golpes.

La silla permite disfrutar cómodamente del vuelo.

Maillón.

Equipo individual

El casco: Es algo que forma parte indispensable en el equipo de cualquier actividad en la que exista un mínimo de riesgo. Debe protegernos de posibles golpes sin restarnos facultades (no limitar la visión ni la audición) o resultar incómodo. Tiene que ser muy resistente pero a la vez ligero y cómodo. Sus sistemas de fijación han de ser regulables.

El mono: Esta prenda resultará extremadamente eficaz en nuestro vuelo, pues nos protegerá de las temperaturas extremas y del viento. Para ello elegiremos el mono adecuado a cada estación del año.

Guantes: La posición elevada de las manos durante el vuelo y el hecho de que, junto con los pies, es una de las zonas más sensibles para las bajas temperaturas, harán a los guantes valiosos aliados.

El calzado: Siempre será preferible el empleo de calzado pensado y diseñado para ser usado en esta actividad. Debe proteger los tobillos, ser resistente, impermeable y ligero.

El variómetro: Indica la velocidad de desplazamiento vertical. Mide las variaciones de presión a diferentes alturas. Los más precisos pueden hacer distinciones de unos pocos centímetros. Cuentan con dos sistemas indicadores, uno visual y otro acústico.

La radio: Debe ser ligera y funcional. Las más empleadas son las de «2 metros» que ofrecen mayores prestaciones que otras. Debemos tener especial cuidado de colocarla en un lugar de fácil acceso y a la suficiente distancia de otros instrumentos de vuelo como el variómetro o la brújula, pues puede interferir en su normal funcionamiento.

El anemómetro: Este instrumento nos servirá para medir la velocidad o la fuerza del viento.

La brújula: Nos permitirá determinar direcciones. En vuelo necesitaremos una que pueda leerse en cualquier postura, es decir una esférica, de las llamadas «sin horizonte».

Como en todos los deportes de riesgo, el casco es un elemento fundamental para la seguridad.

La seguridad del piloto es mayor gracias a elementos como la radio.

El clinómetro: Nos proporcionará una lectura rápida del ángulo existente entre nuestro punto de despegue y el de aterrizaje.

El paracaídas de emergencia: Necesario para cualquier problema en las alturas.

1- Guantes. 2- Variómetro.

Técnica

La técnica de vuelo es extraordinariamente sencilla. Tan solo precisaremos de dos mandos, los frenos, para realizar todas las maniobras necesarias. En teoría podríamos volar casi desde el primer día y eso puede hacernos creer que verdaderamente estamos preparados para volar inmediatamente.

Pasos preliminares:

Siempre deberíamos hacer un repaso mental del vuelo, la distancia fijada, la trayectoria a seguir y un análisis de las condiciones meteorológicas y de las del terreno que vamos a atravesar, para saber qué podemos esperar en cada momento. Ese reconocimiento del terreno se incluye la elección de un buen lugar de despegue (suficiente altura, espacio para extender la vela y ejecutar las maniobras, bastante terreno para abortar el despegue) y de aterrizaje.

Manga de viento.

Esperar un orden de despegue y tener algo de paciencia. Antes de extender la vela, esperaremos a que las condiciones atmosféricas sean las idóneas. Tras un análisis de verificación que nos garantice que el lugar de despegue elegido es adecuado, podemos comenzar con la preparación del equipo.

Preparación del equipo: Lo primero será ponernos el casco. Después extenderemos la vela cuidadosamente, con el intradós en la parte de arriba y el extradós hacia el suelo. Los cajones deben apuntar en la dirección opuesta a la de nuestra carrera. En el suelo la vela debe adoptar la forma de un abanico.

Luego realizaremos un control minucioso de todos los cordones. Comenzaremos por los elevadores anteriores y los cordinos que le acompañan. Nos aseguraremos de que los elevadores no estén enredados o retorcidos y que las cuerdas se encuentran sobre la vela. Los maillones que unen los elevadores y las cuerdas deben estar correctamente cerrados.

Comprobaremos que los frenos no se encuentran enredados con los elevadores, que el cable del freno se encuentra en su lugar, que la silla está en su posición correcta y que los elevadores se encuentran en el lugar que les corresponde. Luego nos colocaremos la silla.

Lo siguiente que vamos a hacer es sostener en las manos los elevadores anteriores y los frenos. Éste es el paso previo al hinchado. De los elevadores anteriores parte el haz de cabos del borde de ataque, deberemos tenerlos en la mano para efectuar el hinchado, mientras que los frenos serán los mandos que nos permitirán maniobrar.

Revisaremos una vez más todo el equipo. Comprobaremos que la pista por la que vamos a correr para despegar se encuentra despejada de obstáculos naturales y deportistas como nosotros, y que nuestro espacio aéreo no está ocupado por ningún otro piloto.

Finalmente prestaremos atención al viento. Analizaremos su dirección y fuerza. El viento mejor será el contrario a nuestra trayectoria, aunque se puede aprovechar el que presente una ligera inclinación. La manga será quien nos proporcione todos esos datos. Si finalmente, todo es correcto, las condiciones de viento son buenas, y nos sentimos capacitados para seguir adelante, podemos hinchar la vela y despegar.

1

2

3

4

5

6

FASE DE HINCHADO

Mientras que otros aparatos de vuelo cuentan con alas sólidas y con una estructura fija, el parapente alcanzará su estructura y forma, gracias al propio aire. En la fase de hinchado obtendremos un ala capaz de mantenernos flotando en el aire, merced a nuestra habilidad, al viento y a un fragmento de tela con un diseño perfecto.

1º Correr. 2º Los brazos hacia atrás y luego hacia arriba para que los cajones se llenen de aire. 3º Con la vela sobre la cabeza, la tensión desaparece y se desliza sin esfuerzo. 4º Soltaremos los elevadores delanteros y correremos en dirección a la máxima pendiente, para alcanzar la velocidad necesaria para despegar.

Antes de continuar, si dudamos o ante el más mínimo problema, es preferible abortar el despegue soltando los elevadores y tirando de los frenos.

Abandonar el suelo

Necesitaremos una velocidad de unos 30 km/h. Esto no quiere decir que debamos correr a esa velocidad, si el viento sopla en contra a 10 km/h, nuestra carrera solo deberá alcanzar los 20 km/h. Se trata por lo tanto de una velocidad relativa, donde la pendiente y el viento serán nuestros aliados.

A medida que ganemos velocidad, notaremos como la vela gana a su vez sustentación. Ya casi lo hemos conseguido. Insistiremos corriendo, proporcionándole al parapente aún más velocidad.

Las maniobras son variadas y siempre suaves. Los virajes reciben el nombre de los grados que se giran partiendo de la dirección inicial.

El vuelo y las maniobras

Una vez en el aire, deberemos sentarnos correctamente en la silla, lo que no hemos podido hacer antes para que la postura no nos impidiese correr con libertad. Para ello podemos soltar los frenos, sin miedo, pues el parapente vuela por sí mismo.

-Maniobras: Con los frenos completamente sueltos, sin tensión, nos desplazaremos en línea recta a la máxima velocidad. Nuestra tasa de caída será también la más elevada. Siempre que la tensión sobre los frenos sea igual en los dos, variaremos nuestra velocidad y nuestra tasa de caída. A mayor presión menor velocidad y menor tasa de caída, hasta que llegamos al límite, es decir, un punto en el que ambos factores alcanzan unos valores mínimos.

Los virajes serán una maniobra muy habitual que utilizaremos constantemente para dirigirnos en la dirección que queramos, colocarnos antes de un aterrizaje, etc. Efectuar un giro es una maniobra muy simple ya que únicamente deberemos tirar del freno del lado hacia el que queremos girar, pero que, al igual que todas las que realicemos en vuelo, deberemos efectuarla con máxima prudencia y atención.

Los virajes pueden ser muy variados y las técnicas precisas distintas en cada caso, dependiendo de la vela, y de otros muchos factores. Los grados de giro dan nombre a estas maniobras.

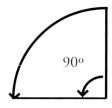

Viraje de 90°.

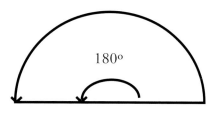

Giro de 180°, es decir, un cambio de sentido.

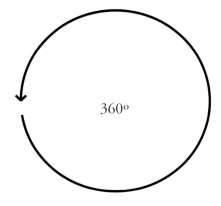

Un «360», viraje de 360°, o lo que es lo mismo, un giro completo después del cual el sentido del avance es el mismo que al principio.

Aterrizar

Esta será una maniobra que repetiremos tras cada vuelo, independientemente de su duración, de la distancia recorrida y de nuestras habilidades y conocimientos. Debemos asegurarnos por lo tanto de realizarla correctamente.

Para ello, al igual que hicimos para despegar, tomaremos la precaución de aterrizar siempre con el viento en contra, lo que haremos siempre por nuestra propia seguridad. Si lo hacemos así, la velocidad del viento se opondrá a la de nuestro avance, con lo que nuestra llegada al suelo será más suave y fácil de controlar.

Observaremos los efectos del viento sobre el entorno (la vegetación del lugar, o cualquier otro objeto, natural o

artificial que se vea afectado por él), o sobre la manga de viento. Trataremos igualmente de calibrar su velocidad.

La zona de aterrizaje deberá contar con espacio suficiente para realizar la maniobra y estar libre de peligros, como cables de alta tensión, alambradas, etc. En todo aterrizaje contaremos con una «ventana», un «pasillo aéreo» que representa la trayectoria de máxima eficiencia. Calibrar las dimensiones e inclinación de esta ventana, dependerá del tipo de vela utilizada, del viento y de la inclinación del terreno elegido.

En la fase de aproximación a la zona elegida realizaremos un circuito, unos movimientos previos que nos permitirán calcular mejor las distancias hasta el suelo y aumentar la seguridad para otros pilotos que vuelen próximos a nosotros y se encuentren también aterrizando.

Lo que debemos tener en cuenta para aterrizar es la suavidad en nuestros movimientos. Es decir, evitaremos todas las acciones bruscas. Nuestro objetivo inicial será aumentar ligeramente la velocidad, hasta que, a unos cinco metros del suelo, comenzaremos a frenar la vela de forma progresiva y con cuidado. Nuestra intención será llegar al suelo con la trayectoria más vertical posible y a una velocidad tan lenta como podamos, sin llegar a la de pérdida. Momentos antes de tocar el suelo tiraremos a fondo de los frenos.

Ya en el suelo, deberemos dejar sitio a otros pilotos que quieran aterrizar,

Recoger el equipo

Una vez nos encontremos en tierra deberemos despejar cuanto antes el lugar por si otros pilotos necesitan ese espacio para aterrizar. Para salir cuanto antes de esa zona realizaremos un plegado rápido del parapente. Para evitar que se enrede debe hacerse como se muestra en la imagen.

para lo que realizaremos un plegado rápido del parapente, recogiéndolo como se muestra en la figura. De esta manera nos dirigiremos hacia una zona despejada, donde realizaremos el plegado definitivo.

Fuera de la zona de aterrizaje nos podemos poner manos a la obra para guardar todo el equipo. Cada una de sus piezas requerirá un trato cuidadoso y un embalado correcto. Por descontado prestaremos la máxima atención durante todas estas operaciones y siempre las realizaremos con calma, empleando el tiempo necesario. No olvidemos que dependeremos de nuestro equipo. Revisaremos con suma atención la tela y el resto del equipo en busca de cualquier desperfecto.

GLOSARIO

• Aerodinámica: Es la parte de la mecánica que estudia el movimiento de los gases y los movimientos relativos de gases y sólidos.

• Anemómetro: Instrumento que sirve para medir la velocidad o la fuerza del viento.

• Eficiencia: Relación entre los metros que avanza la vela con cada metro de pérdida de altura.

• Tasa de caída: Altura que el parapente gana o pierde expresada en metros por segundo.

• Variómetro: Instrumento que indica la velocidad de desplazamiento vertical.

AERODINÁMICA

La aerodinámica es la parte de la física que se encarga de estudiar el movimiento de los cuerpos inmersos en un fluido. El cuerpo será el ala delta o el parapente, o una parte de los mismos, mientras que el fluido será el propio aire.

La física precisa de elementos a los que se les pueda asignar un valor, que puedan medirse y que nos permitan describir y analizar un fenómeno. Esos elementos son las magnitudes físicas, como por ejemplo la presión, el volúmen, la temperatura y otros muchos, que nos darán las claves del estudio.

Para volar hay que vencer la fuerza de la gravedad, y para ello hace falta energía. La magia del vuelo libre consiste en que el ala de nuestro parapente o del ala delta, deberá sustraer energía del propio aire y transformarla en capacidad de sustentación.

La aerodinámica aplicada a los aparatos de vuelo sin motor considera sólo una parte del aire y no el conjunto, la que rodea y afecta al fenómeno. Esa zona de influencia se conoce como tubo de flujo.

En ese tubo de flujo, donde estará inmersa nuestra vela, consideraremos que el aire se encuentra en movimiento respecto al propio flujo. El aire ejercerá de esa forma una presión sobre las paredes del tubo, resultado de dos presiones: la dinámica, como consecuencia de su velocidad; y la presión estática que está determinada por su peso.

Pues bien, estas magnitudes nos darán la clave del vuelo. Cuando en un tubo de flujo la potencia del aire es constante, la presión total permanece constante, independientemente de las variaciones de las presiones dinámica y estática. Esto implica que ambas presiones están relacio-

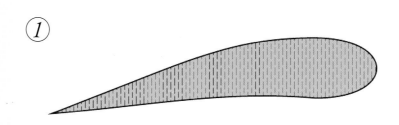

Perfil alar.

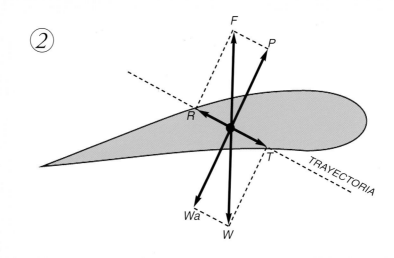

Cada una de las fuerzas que actúan sobre el ala esta representada por una letra. Así, F es la resultante aerodinámica; P corresponde a la carga; T representa la tracción; W es el peso real, o lo que es lo mismo, el peso del conjunto que forma el ala, el piloto y todo el equipo; el peso aparente está representado con Wa; mientras que R es la resistencia.

Cada una de esas fuerzas hacen posible el vuelo.

nadas de forma que a un aumento de una de ellas, corresponde una disminución de la otra y viceversa.

Ese equilibrio de ambas presiones será la clave del vuelo. Sobre el perfil del ala aumentará la presión dinámica, mientras que la estática disminuye. El fluido experimenta un aumento de la velocidad y una disminución de la presión. La fuerza resultante de la diferencia de pre-

siones, sobre y bajo el ala, será la que la permita sustentarse.

Para volar precisaremos siempre de un ala cuyo perfil será de vital importancia para el vuelo. El perfil alar es la figura que se obtiene al cortar un ala por un plano vertical y debe aprovechar al máximo las fuerzas resultantes de las diferencias de presiones, es decir, las fuerzas de sustentación.

RAFTING

El rafting es el descenso de un grupo de personas, a bordo de un bote neumático, sin motor, por un río de montaña. La embarcación es arrastrada por la corriente mientras los tripulantes la dirigen mediante los remos. El «raft» o bote neumático tiene unas medidas de 5 x 2 metros y una capacidad de entre cuatro a diez personas. Los tripulantes van provistos de un remo corto de una sola pala, con el que, siguiendo las instrucciones del monitor o «trainer», dirigirán la embarcación sorteando los obstáculos que el río presenta.

Historia del rafting

La palabra rafting, proviene del término inglés *raft*, que significa «balsa». Los pioneros de esta actividad comenzaron su andadura en Estados Unidos, en el río Colorado, con motivaciones que mezclaban el espíritu de aventura con el interés turístico.

Al principio, a mediados del siglo pasado, cuando nació este deporte, no se utilizaban los botes actuales, sino embarcaciones similares a piraguas. Sin embargo, las características de los ríos —aislamiento, gran caudal, fuertes desniveles— obligaron a buscar otro tipo de embarcación que permitiese descensos más prolongados y seguros.

Con el fin de que el equipo humano y personal de cada aventurero fuese mayor y conseguir así más autonomía, era preciso que la embarcación cumpliese una serie de requisitos. Para conseguirlo y como es lógico en todo inicio, se probaron distintos materiales en busca de una embarcación que otorgase mayor estabilidad y una mejor maniobrabilidad.

Las pruebas más afortunadas se realizaron con botes neumáticos del ejército. Fue en 1938 cuando se realiza el primer descenso del río Colorado en un bote neumático.

Las emociones que ofrece el descenso, el paisaje por el que discurre la prueba y la evolución de las técnicas y los materiales, convirtieron a este deporte en lo que es hoy en día, una

inmejorable atracción turística que combina el riesgo, la aventura y la belleza de la naturaleza, con la necesidad de trabajar en equipo.

REQUISITOS FÍSICOS

El éxito de este deporte reside en que no son necesarios unos profundos conocimientos técnicos o una preparación física excepcional, sino que es apto para casi todo el mundo, ya que la labor más difícil recae en el monitor, presente siempre en todo descenso, que es quien se encarga de llevar el *raft*, por las zonas apropiadas, mientras que los demás navegantes sólo deben seguir unas instrucciones simples, para facilitar su labor. Las emociones son de primera.

Para practicar el rafting es necesario el uso de chaleco salvavidas, casco y utilizar un traje isotérmico, que nos proteja de las bajas temperaturas del agua y el aire. Los lugares más apropiados son los ríos de montaña, con abundante agua procedente del deshielo y fuertes desniveles. Aunque es aconsejable saber nadar, ni siquiera este requisito es imprescindible para practicar este deporte.

Equipo

Sobre estas líneas modalidad de rafting a pala. Abajo, rafting de remo central.

Existen dos tipos de botes para la práctica del rafting que se diferencian en el sistema empleado para dirigirlos corriente abajo. El más conocido en Europa es el rafting a pala, en el que la embarcación se dirige desde atrás por el monitor, con un remo más largo que utiliza como timón y la fuerza de los remeros que siguen sus órdenes. El otro tipo es el rafting de remo central, que cuenta con dos grandes remos colocados sobre una plataforma y que disponen de un punto de apoyo en la embarcación. El monitor maneja estos remos, dirigiendo la embarcación.

El «raft»

Es el bote neumático. Los botes empleados para el rafting deben cumplir una serie de objetivos y requisitos, que no son necesarios en otros deportes. Es necesaria una embarcación resistente a los roces con las rocas, a los gol-

pes y las colisiones. A su vez, deben ser ligeras y flexibles para poder transportarse cómodamente fuera de la corriente y soportar las presiones que la fuerza del agua ejerce sobre ella. El material elegido es el PVC, un plástico que reúne todas las cualidades necesarias.

Su capacidad oscila entre las cuatro y las doce personas, soportando un peso máximo de 600 kg. El bote neu-

mático empleado en el rafting, debe contar además con algunas medidas de seguridad que garanticen su flotabilidad en las peores condiciones. Para ello cuenta con dos sistemas.

El primero es un sistema que permite evacuar el agua que entra en el bote durante todo el descenso. Cuenta por tanto con unos orificios por encima del nivel del agua por los que escapa toda la que entra. El segundo va destinado a evitar que accidentalmente pierda todo el aire que lo mantiene a flote, por lo que dispone de varios compartimentos independientes.

En el suelo de la embarcación encontraremos unas cinchas en las que introduciremos el pie y que nos permitirán mantenernos unidos al *raft*. También se cuenta con una cuerda que recorre el *raft* en todo su perímetro y que facilita su transporte y constituye un punto más de agarre para los miembros del grupo, tanto durante el descenso o bién en caso de caer al agua.

MEDIDAS DE SEGURIDAD

Por norma siempre realizaremos las primeras incursiones en los deportes de aguas bravas de la mano de un profesional que nos guíe y controle. Es aconsejable también contar con un seguro de accidentes, con el que cuentan todas las empresas serias que se dedican a estas actividades.

Si en el transcurso del descenso caemos al agua tenemos varias opciones. En el caso de encontrarnos lejos de la embarcación, podemos tratar de alcanzar alguna de las orillas, para lo que nadaremos contra corriente, realizando un desplazamiento en diagonal hacia el lugar que queremos alcanzar. La fuerza del agua nos arrastrará y nos llevará un poco más lejos de lo que habíamos elegido como destino.

Si estamos cansados, la fuerza de la corriente nos lo impide o nos encontramos en una zona de rápidos, deberemos adoptar la posición de seguridad, que consiste en colocarse boca arriba, con las piernas juntas, por delante y ligeramente flexionadas. Trataremos de llevar la cabeza fuera del agua para prever cualquier problema. Si colisionamos con una roca, tendremos la oportunidad de parar el golpe con los pies y desviarnos sin demasiados inconvenientes.

En cuanto la corriente lo permita trataremos de alcanzar las orillas, nadando en la posición indicada, y esperaremos allí a que nos rescaten. Aunque caigamos al agua no se debe soltar el remo, pues gracias a él podremos ser rescatados desde una mayor distancia, ya que agarrándolo de la pala, prolongaremos nuestro brazo.

Si nos es posible rescatar desde la barca a un compañero, lo haremos también con el remo en la misma postura, tratando de engancharle por el chaleco. Una vez esté a nuestro alcance, le agarraremos fuerte del chaleco salvavidas y tiraremos de él con fuerza para subirle lo más rápido posible a la embarcación.

Los escarpines de neopreno permiten realizar cualquier actividad en el agua manteniendo una temperatura agradable en los pies, una de las zonas que más rápidamente acusa el frío.

Los trajes de neopreno son una prenda indispensable en multitud de disciplinas deportivas en las que el aventurero debe estar protegido de las bajas temperaturas del agua o de una larga permanencia en la misma.

De igual forma, el casco es imprescindible en la práctica de este deporte.

El remo

Los remos, a los que también se llama palas o pagayas, que se utilizan en el rafting, son muy similares a los que se emplean para las canoas, aunque la pala precisa de una mayor superficie, puesto que la embarcación es más grande y pesada. El remo puede ser de fibra de carbono o de madera y cuenta con la pala en uno de sus extremos, mientras que en el otro tiene la empuñadura. Los remos deben flotar y suelen ser de colores llamativos, para que resulten más fáciles de localizar en caso de que se nos escapen de las manos.

El traje de neopreno

La versatilidad de estas prendas las ha hecho imprescindibles en multitud de deportes, prácticamente en todos aquellos en los que el deportista debe estar en contacto con el agua. El traje no solo nos portege de la pérdida de calor, sino también de pequeños golpes, rozaduras, etc. Además favorece nuestra flotación. El traje debe quedar ajustado para que actúe adecuadamente.

Los escarpines

Los escarpines de goma serán el calzado que utilizaremos en esta actividad. Cualquier otro tipo de calzado podría resultar incómodo, engorroso o pondría en peligro la integridad del bote neumático. Los escarpines, además de cómodos y complementar al traje de neopreno, podrán mojarse sin problemas y nos permitirán desenvolvernos sin complicaciones.

El chaleco salvavidas

Dado que nos vamos en encontrar en el agua, deberemos ir provistos de un chaleco salvavidas, que como ya hemos dicho es imprescindible para practicar el rafting con la necesaria seguridad. El hecho de saber o no nadar, no influye en la necesidad del uso del chaleco. El chaleco debe ser de nuestra talla y estar perfectamente sujeto, tal y como los fabricantes han dispuesto.

El casco

El casco es un artículo imprescindible. El que se emplea en rafting está especialmente pensado para los deportes acuáticos, por lo que además de estar fabricado en materiales resistentes, está provisto de unos agujeros que permiten evacuar el agua que pueda entrar. Como en el caso del chaleco, el casco debe ajustarse bien a nuestra cabeza, para lo que debe contar con unas correas que permitan regularlo correctamente. Esas correas, deben ir siempre abrochadas.

Todos los deportistas, aunque sepan nadar correctamente, deben ir provistos de un chaleco salvavidas.

La técnica

Por el ser el más común analizaremos a continuación la técnica del rafting a pala, que comparte además muchas similitudes con el rafting de remo central. La técnica en este deporte pasa inevitablemente a través del monitor o *trainer*, pues será él quien en todo momento se encargue de las labores necesarias para guiar el *raft*, corriente abajo.

Cada uno de los tripulantes debe seguir en todo momento las instrucciones del monitor, pues aunque él es el timonel y el experto en el río y sus accidentes, nosotros somos la fuerza motriz de la embarcación, sin la cual nos encontraríamos a merced de la corriente.

El monitor será también el encargado de enseñar a su grupo los movimientos y órdenes básicos que serán necesarios durante el descenso, así como también las formas de actuar ante los obstáculos, las caídas al agua o un posible vuelco. Debe asimismo distribuir a la tripulación de forma que ambos lados estén equilibrados en peso y en fuerza, por lo que no debemos cambiar de posición en el *raft*, sin consultarlo previamente con el monitor.

El rafting es un deporte de equipo que requiere una gran compenetración. Cada miembro del grupo tendrá asignada una tarea específica y debe tratar de llevarla a cabo de la mejor forma posible y colaborar para que todos hagan lo mismo. Debemos tratar de prestar atención en todo momento a las órdenes del monitor, lo que en ocasiones, debido al propio

ruido del agua e incluso a nuestras risas, comentarios o a la propia tensión, no es sencillo. En el rafting es necesario, a menudo, realizar movimientos rápidos que requieren una respuesta inmediata del grupo.

Entrar en la corriente

Lo primero que haremos será entrar en la corriente procurando que el ángulo de entrada del bote con la corriente sea el menor posible, de forma que sea más sencillo y podamos alcanzar cuanto antes la parte central del río. Por regla general, para introducirse en la corriente se eligen lugares de aguas tranquilas, donde hay mayor caudal y pocos o ningún obstáculo.

Remar

El remo se debe agarrar con las dos manos fuertemente. La mano correspondiente al brazo que da hacia el interior del bote la colocaremos en la empuñadura como se muestra en la imagen. La otra, más abajo, a una distancia aproximada de un palmo de la hoja. Sujetarlo de otra forma restará efectividad a nuestro esfuerzo y nos hará cansarnos más o incluso hacernos daño.

Forma corecta de sujetar el remo.

El movimiento de paleo comenzará estirando los brazos y el cuerpo de forma que el remo entre lo más lejos posible. La hoja de la pala debe estar perpendicular al movimiento que realizaremos después, arrastrando el remo hacía nosotros, hasta que quede por detrás del cuerpo, estirando el brazo del exterior y girando el torso.

El ritmo lo marca el que se coloca en la parte más cercana a la proa del *raft*, que debe cuidarse de hacerlo simultáneamente a su compañero del otro lado. Así, los dos primeros se controlan mutuamente acompasando su remada, mientras que los que van detrás de ellos se limitan a seguirles. Para contrarremar el movimiento es exactamente igual, pero a la inversa. Este movimiento puede emplearse para frenar la embarcación, realizar giros más rápidos, etc.

Para afrontar una curva hay que anticiparse y tomarla por su parte interna con menos corriente.

Durante el descenso es posible que debamos detenernos. En esos momentos elegiremos orillas despejadas y seguiremos las instrucciones del monitor. Deberemos trabajar en equipo para lograr nuestro objetivo.

Obstáculos

Bajando por el río nos encontremos con diferentes curvas, que deberemos afrontar de forma correcta. En la zona externa de cada curva, es habitual encontrar una pared de roca, donde se estrella la corriente. Hay que procurar evitar esta orilla y tomar la curva por la parte interna, que habitualmente tiene menos corriente y suele ser arenosa. Es necesario anticipar ese movimiento para conseguirlo eficazmente.

Detenerse

Las paradas en un punto del río pueden estar motivadas por esperar a que una zona conflictiva se despeje de la presencia de otros botes, o mientras

esperamos a un compañero que ha caído o a otra embarcación, incluso para contemplar un paisaje particularmente bello. Deberemos seguir las órdenes del monitor y contrarremar con fuerza.

Las contracorrientes pueden ayudarnos en esas ocasiones. Siempre que se quiera detener el *raft* estando en el agua, podemos valernos de ellas. Son además los lugares ideales para comenzar o terminar el descenso por el río, pues al estar detenida la embarcación facilitará las labores de embarco o desembarco y nos dará tiempo a colocarnos en nuestros puestos. Cualquier pausa en el descenso puede realizarse en una de estas zonas.

Las orillas

Hay que procurar evitar las orillas, pues en ellas podemos encontrar ramas de los árboles que se tienden sobre el agua y podrían causar un accidente, siendo el menor de ellos que nos desembarquen del *raft*. En caso de acercarse demasiado a las ramas, puede ser necesario refugiarse en el interior de la embarcación, pero no antes de que lo ordene el monitor, pues podemos ser necesarios para alejar el *raft* de las ramas que podrían dañarlo a él o a nosotros.

Escalones

Uno de los obstáculos que podemos encontrar es un escalón donde el *raft*, con todos nosotros a bordo, dará un salto o caerá sobre el agua, lo que frenará su avance y descontrolará el descenso. Siempre que nos sea posible evitaremos estos saltos y en caso de que sea inevitable, una vez franqueado el obstáculo, todo el grupo deberá remar hacia adelante con fuerza, para recuperar el impulso.

Los rápidos

Lo más divertido y emocionante suelen ser los rápidos. Algunos son cortos y bravos y otros largos y salvajes. Cada rápido de cada río tendrá un encanto especial, algo que le hace diferente a todos los demás y que le convertirá en una de las citas más esperadas del descenso.

Siempre que queramos gobernar el *raft*, deberemos conseguir que éste lleve una velocidad superior, o inferior, a la de la corriente, lo que en los rápidos nos obligará a emplearnos a fondo y de forma sincronizada.

La zona de parada

Al final llegaremos a un lugar, preferiblemente de aguas tranquilas, donde el río se ensanche y podamos acercarnos a la orilla sin problemas. Esta maniobra será sencilla; una vez encaremos el *raft* hacia la orilla elegida, todos los tripulantes remarán en la misma dirección.

GLOSARIO

• Ataque: Fase de la palada en la que la pala se introduce en el agua.

• Flotabilidad: Capacidad para sostenerse sobre la superficie del agua.

• Palada: Movimiento que se realiza con la pala para obtener una reacción de la embarcación.

VOLCAR

Durante el descenso es posible que se produzca un vuelco. Al salir del agua deberemos tener cuidado de no hacerlo bajo la embarcación. Debemos colocarnos en la parte de atrás de ésta para evitar golpearnos o quedar atrapados entre la embarcación y un obstáculo.

Trataremos de agarrarnos al anillo de seguridad con una mano y adoptar la posición de seguridad. Si todo el grupo se encuentra reunido al rededor del *raft*, será posible darle la vuelta.

Si estamos lejos del *raft*, adoptaremos la posición de seguridad, con el remos colocado perpendicularmente al descenso, a la altura del pecho y firmemente agarrado con ambas manos y esperaremos el rescate desde nuestra propia embarcación o desde otra. Siempre trataremos de salir del camino de otros *raft*.

En zonas de olas o rápidos trataremos de respirar entre las depresiones entre dos olas y evitaremos hacerlo en las crestas de las mismas, donde podría entrarnos agua por la nariz.

HIDROSPEED

El hidrospeed consiste en el descenso de ríos de aguas bravas mediante el empleo de un trineo especialmente adaptado al medio acuático. Se trata de un deporte que no requiere un entrenamiento, ni un conocimiento profundo de sus características, pues puede realizarse acompañados de un guía experimentado. Por todo ello es una de las experiencias más impactantes y emocionantes que pueden vivirse en los cursos fluviales de las montañas.

Foto: Rafting Llavorsí

El hidrospeed es casi un deporte recién nacido que cuenta con poco menos de veinte años de existencia. Nació con el propósito de experimentar de una forma mucho más directa los ríos de aguas bravas y todas sus características: corrientes, temperatura, obstáculos, etc. Desde entonces y por ese motivo se ha convertido en uno de los deportes fluviales individuales más emocionantes que existen actualmente, solo equiparable al kayak.

Tuvo su origen en Francia, durante los primeros años de la década de los ochenta, y su propio nombre nos habla de agua y velocidad. La traducción que se ha hecho en español lo califica de «hidrotrineo» o lo que es lo mismo, de trineo para el agua.

Sería el equivalente del trineo para la nieve o de el bodyboard de la playa, pero adaptado al río. Las características de los ríos donde se va a usar el hidrospeed, obligan a que su diseño sea distinto a cualquiera de los trineos o tablas empleados en esas disciplinas, pues su misión no solo es permitir el desplazamiento rápido por el agua y su maniobrabilidad, sino también proteger el cuerpo del deportista de los muchos obstáculos del río. Además es el seguro del aventurero, su instrumento de flotación que no debe soltar durante el descenso bajo ningún concepto.

A pesar de su juventud, por lo que aún es un gran desconocido, cuenta ya con numerosos aficionados y el número de los mismos va creciendo. El hidrospeed con su extraño diseño, su reciente origen y el inconveniente de que solo puede realizarse en lugares muy concretos e incluso en fechas muy concretas, tiene todos los ingredientes para convertirse muy pronto en una de las actividades ocasionales más demandadas por los deportistas, turistas y aventureros, deseosos de una experiencia intensa en plena naturaleza.

FOTO: RAFTING LLAVORSÍ

El hidrotrineo nos permitirá experimentar el río de una manera única.

El medio

A lo largo de diferentes capítulos veremos algunos deportes, como el hidrospeed, que requieren de las aguas bravas de los ríos de montaña, que bajan impetuosos cargados con el agua del deshielo. Es es esos lugares donde el rafting y el hidrotrineo, adquieren su encanto y las cualidades que les han hecho merecedores de tantos aficionados, ocasionales y asiduos, que han encontrado en ellos una forma de escapar de la rutina, de llenar un vacío de aventura y riesgo controlado, y en definitiva de realizarse. Por su parte la canoa y el kayak, aunque pueden realizarse en todo tipo de aguas, encuentran en las aguas bravas su máximo atractivo.

A las emociones que representa la práctica de cualquiera de estos deportes se suman factores puramente esté-

ticos, como los paisajes donde se desarrollan, que añaden un toque romántico y pintoresco que complementa la aventura.

Es por lo tanto crucial y necesario una protección del río y su entorno, no solo porque es en él donde tendrá lugar nuestra experiencia, sino también, porque forma parte de un complejo ecosistema, es el hogar y el medio de vida de todas las criaturas que habitan en su interior o en sus márgenes, donde por supuesto también está incluido el ser humano.

Categoría de los ríos de aguas bravas

preparación física adecuada, así como un dominio completo de la técnica y la suficiente experiencia. Las aguas discurren entre obstáculos difíciles de evitar, remolinos, cadenas de olas y grandes desniveles, por lo que es fundamental mantener el equilibrio y conocer nuestras propias posibilidades. Las medidas de seguridad y protección deben ser extremas, por lo que son necesarios los elementos de las categorías anteriores así como una mejor preparación tanto física como psíquica.

Categoría I

Esta primera categoría la reciben aquellas aguas tranquilas en las que no hay desniveles ni obstáculos. En estas corrientes encontraremos algunas olas, que son lo más complicado que podemos sortear en nuestro descenso. En cualquier caso es conveniente llevar casco y debemos protegernos del frío utilizando prendas apropiadas.

Categoría II

Aunque con algo más de dificultad que las anteriores, las aguas de categoría II, aún se consideran de poca dificultad. En ellas encontraremos algunos obstáculos y desniveles, la corriente será regular y también veremos rápidos aunque no peligrosos. Además de las prendas de protección contra el frío, serán necesarios otros elementos de seguridad como casco y chaleco salvavidas.

Categoría III

Es a partir de esta categoría cuando se empieza a considerar a las aguas, como bravas. Son aguas difíciles, aunque en grado medio. Es necesario poseer una mayor experiencia y unos conocimientos suficientes como para ser capaz de maniobrar sobre una corrien-

te bastante más fuerte y hacer frente a los diversos obstáculos que podemos encontrar, como por ejemplo, algunos saltos de agua, desniveles o rocas que aparecerán a lo largo de todo el recorrido. Resulta indispensable hacer uso de todas las medidas de protección y seguridad, es decir, un traje isotérmico, casco y chaleco salvavidas.

Categoría IV

En esta categoría nos enfrentaremos a aguas difíciles, en los llamados ríos deportivos. Las diversas dificultades del recorrido harán necesaria una

Categoría V

Las aguas de categoría V presentan un recorrido repleto de fuertes obstáculos, con corrientes y remolinos fuertes, con saltos de agua mucho más altos que en las anteriores categorías y con grandes y continuas olas. A lo largo de todo el descenso el deportista deberá superar escalones, remolinos y toda suerte de accidentes que mantendrán la dificultad en todo momento, siendo por lo tanto necesario un perfecto dominio de las técnicas y un conocimiento exhaustivo del río. Las medidas de seguridad deben ser como mínimo las de la categoría anterior, pero nuestra preparación personal y la del equipo deben ser superiores.

Categoría VI

Se trata de aguas extremadamente difíciles, que presentarán obstáculos infranqueables y plagados de peligros. El caudal del agua, los saltos de la misma y los rápidos hacen que el recorrido sea prácticamente imposible. Pero no totalmente imposible, aunque reservado sólo para aquellos que posean un dominio excepcional de la técnica y quieran enfrentarse al límite. Si un deportista supera un tramo de nivel VI, inmediatamente pasa a catalogarse de nivel V, pues ha sido superado.

REQUISITOS FÍSICOS

El éxito de este deporte se debe en parte a que puede practicarse sin una experiencia previa, gracias a la profesionalidad de empresas y monitores especializados que nos acompañarán durante el descenso.

Es imprescindible saber nadar, tener una buena forma física y realizar incursiones de dificultad progresiva, que nos permitan evaluar nuestra capacidad, conocer el río, y nos capaciten para enfrentarnos a cada situación como se debe.

Antes del descenso recibiremos unas clases teóricas y prácticas. Si durante las mismas o durante el descenso no nos vemos preparados debemos tener el suficiente sentido común para aplazar nuestro encuentro con el río para otra ocasión.

En el capítulo 12 se habla de las medidas de seguridad básicas en los ríos de aguas bravas así como de

Foto: Rafting Llavorsí

la postura de seguridad, aquella que deberemos adoptar si perdiésemos el hidrotrineo y estuviésemos a merced de la corriente.

Es necesario saber nadar para practicar este deporte. Una buena forma física previa nos permitirá disfrutar más de la experiencia.

Equipo

Las corrientes, contracorrientes, remolinos, olas, rápidos, saltos, etc., actuarán directamente sobre el aventurero, que solo contará con su equipo, su pericia, su fuerza y la técnica, unida, por supuesto, a una imprescindible ración de calma y sangre fría.

En el hidrospeed debemos cuidar de llevar el equipo necesario y de respetar todas las normas de seguridad con total precisión. Solo de esta forma conseguiremos que nuestra experiencia sea plenamente satisfactoria y no se convierta en un penoso sufrimiento, del que con lo mínimo que podemos salir es un buen susto.

En primer lugar precisaremos de un traje de neopreno grueso y contar con protecciones en determinadas zonas. El casco, asimismo, será imprescindible para proteger la parte fundamental de nuestro cuerpo. Manos y pies llevarán su propia indumentaria, guantes isotérmicos y escarpines y aletas. El hidrotrineo es el vehículo que nos permitirá evolucionar con seguridad en la corriente, nos protegerá y mantendrá a flote.

El chaleco salvavidas, imprescindible hace tan solo un par de años, se está dejando de usar, para permitir una mayor movilidad en el agua y tener más control sobre nuestra flotabilidad.

El casco

Hace unos años se utilizaban cascos más sofisticados, de materiales más resistentes y con protecciones

para la barbilla. Aunque más completos y seguros, estos cascos constituían un agobio para los deportistas, que no podían oír bien, y limitaban bastante sus movimientos y capacidades. En la actualidad se emplean los mismos cascos que para el rafting.

El traje de neopreno que se emplea en el hidrospeed tiene un grosor de entre 5 y 7 mm. Arriba: Los guantes son fundamentales para preservar las manos del frío.

El traje de neopreno

El traje isotérmico para el hidrospeed debe ser grueso (entre 5 y 7 milímetros). Cuentan además con protecciones especiales en los lugares de mayor rozamiento, y donde es posible golpearse con obstáculos del río. Así llevan un acolchado especial en las espinillas y rodillas.

El traje nos mantendrá calientes durante el descenso, al mantener una película de agua sobre nuestro cuerpo que nosotros mismos calentaremos previamente. Además, por su grosor y las protecciones, nos ayudará a flotar.

Cada río tiene sin embargo sus peculiaridades, así en algunos lugares de Sudamérica se realiza esta actividad en ríos de cauce de arena, con temperaturas del agua muy superiores y que requieren otros equipos. Mientras nos encontremos haciendo hidrospeed en ríos de montaña, cargados de aguas procedentes del deshielo y repletos de rocas, procuraremos llevar puesto un traje apropiado, convenientemente grueso y con las debidas protecciones.

Guantes

Nuestra manos deberán sujetar fuertemente el hidrotrineo para lo que deben estar plenamente operativas. La temperatura del agua siempre afecta primero a las extremidades, manos y pies por lo que ambos deben estar bien protegidos. Aunque no son imprescindibles sí son recomendables unos guantes isotérmicos

El neopreno del hidrospeed cuenta con refuerzos en las rodillas y espinillas en previsión de golpes.

que mantengan siempre nuestros dedos a temperatura adecuada y con sensibilidad.

Escarpines

Los pies tambien requieren una buena protección, no sólo de las temperaturas, también de las rocas y las piedras del lecho del río que en ocasiones deberemos pisar. Caminar descalzo dentro de una corriente fuerte de agua helada no es demasiado agradable. Los escarpines nos permitirán reírnos de las bajas temperaturas y de las piedrecitas que haya en el suelo.

Aletas

Pero en nuestros pies, no sólo llevaremos los escarpines, sino también las aletas, un instrumento que nos permitirá cambiar de dirección, velocidad y ser dueños de nuestros actos dentro del agua. Estos «pies de pato» como también se les conoce, no tienen unas características especiales, se usan las mismas aletas que las empleadas en el mar y, como hemos dicho, son elementos imprescindibles.

Hidrotrineo

El hidrotrineo será nuestro vehículo, una plancha hidrodinámica de forma más o menos rectangular, de un metro de largo por unos 60 centímetros de anchura. La parte delantera, ligeramente levantada y curva, tiene unas agarraderas metálicas para las manos y un canal hasta su parte trasera para los brazos, mientras que el pecho descansa sobre una parte algo levantada y acolchada. En cualquier caso los modelos evolucionan constantemente.

Suelen estar fabricados en poliuretano, que les confiere gran resistencia a los roces y los golpes, pues el hidrotrineo además de nuestro vehículo, será nuestro escudo en el río. Este material, además, le convierte en un excelente flotador.

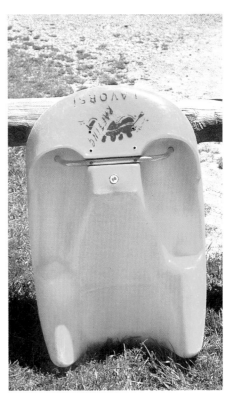

Hasta hace unos años se empleaba este modelo de hodrotrineo que se empieza a sustituir por nuevos diseños como el de la página 47 o 48.

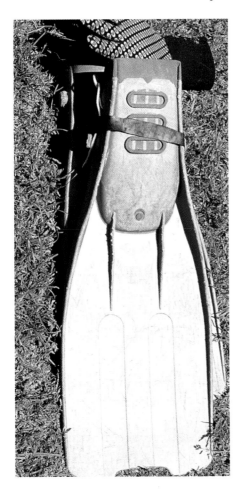

Al igual que los guantes, los escarpines de neopreno protegen nuestros pies del frío y permiten calzar las aletas con mayor comodidad.

Técnica

FOTO: RAFTING LLAVORSÍ

El hidrotrineo será nuestro escudo y flotador en el río.

Para iniciarse en el hidrospeed es aconsejable aumentar la dificultad de las aguas de forma progresiva, a medida que se van adquiriendo los conocimientos y la práctica necesaria. Como ya se ha dicho, siempre debemos ir acompañados de un profesional. Nunca debemos infravalorar la fuerza del agua y los imprevistos que pueden surgir en un descenso o sobrevalorar nuestra capacidad.

Por lo tanto nos iniciaremos en aguas tranquilas hasta dominar los movimientos más básicos y después pasaremos a realizar descensos más complicados. En cada descenso contaremos con un tramo inicial más suave, en el que pondremos a prueba nuestra capacidad física y psíquica. Si tenemos alguna duda lo mejor es abandonar y volver a intentarlo en otra ocasión. Recordemos que rectificar es de sabios.

Jamás deberemos soltar la tabla. El hidrotrineo será nuestro protector, flotador y compañero inseparable durante el descenso. Contamos con unos buenos asideros, que nos ayudarán a conseguir ese objetivo. Lo mejor es no soltar nunca las manos. Si nos soltamos de una mano para cualquier cosa y en ese momento ocurre algo, será mucho más fácil perderlo que si lo agarramos firmemente con las dos.

El hidrotrineo está especialmente diseñado para enfrentase al río, por lo que con él superaremos cualquier remolino o contracorriente, los rápidos o las olas, de la forma más cómoda y segura. En el caso de que el agua nos empuje contra una roca, protegerá nuestro cuerpo del impacto y se llevará la peor parte del encontronazo, mientras nosotros lo utilizaremos de escudo.

Por regla general siempre iremos acompañados por varios guías, pero estarán a cierta distancia por lo que nuestra propia iniciativa tendrá más peso en nuestra experiencia. Así es importante saber qué zonas del río llevan más corriente, qué zonas hay que evitar, dónde parar o qué hacer en caso de que suframos un tirón o estemos muy cansados. Como norma tendremos los cinco sentidos puestos en lo que estamos haciendo, una distracción nos puede costar cara. Trataremos de recordar que la parte exterior de las curvas lleva más corriente y debe evitarse, por lo que anticiparemos nuestros movimientos. Cuanto más estrecho sea el río, más fuerte será la corriente en ese lugar.

Siempre que lo necesitemos pararemos a descansar, eligiendo para ello los lugares apropiados, detrás de un obstáculo que frene la fuerza del agua, o en la zona interior de una curva. Los propios guías realizarán paradas para que podamos recuperarnos, de forma que trataremos de no perder nunca de vista al grupo. Si tenemos algún problema, levantaremos la mano para llamar la atención de los monitores. Si queremos hacer una parada por cualquier motivo, debemos evitar las orillas que pueden suponer un peligro por la presencia de ramas de los árboles cercanos, de troncos o rocas sumergidas, etc.

Antes de enfrentarnos a los rápidos y las zonas complicadas, trataremos de ensayar las maniobras más habituales. Probaremos a volcar y volver a recupe-

FOTO: RAFTING LLAVORSÍ

Bajo ningún concepto soltaremos el hidrotrineo, pues será nuestro sistema de flotación y seguridad.

rar nuestra posición. Hay dos formas muy fáciles de volver a colocarnos sobre el hidrospeed en caso de vuelco y sería conveniente dominar una de ellas antes de necesitarla de verdad.

Aunque sepamos nadar perfectamente, los rápidos nos impresionarán y volcar en ellos puede ponernos nerviosos si no dominamos esas maniobras.

Ante cualquier obstáculo nos subiremos lo máximo posible a la tabla, igual que cuando queramos descansar un poco. Cuando debamos avanzar y principalmente girar, sacaremos la cadera del carenado del hidrotrineo, para facilitar los movimientos.

Todo esto, que parece algo complicado y peligroso, es en realidad sólo una parte de todo lo que hay que saber y es muy sencillo y fácil de hacer. Lo fundamental es conservar la calma y seguir las instrucciones de los guías, solo nos quedará disfrutar del paisaje y de la experiencia.

Cómo introducirse en la corriente

Debemos colocarnos las aletas y los guantes, por ese orden y en último lugar. Con las aletas, caminaremos de espaldas hasta introducirnos en el agua. Después nos colocaremos en contra de la corriente y procuraremos darnos impulso corriente arriba,

DIRECCIÓN DE LA CORRIENTE

Cuando entremos en el río lo haremos por un lugar de aguas tranquilas y en diagonal a la corriente, dirigiéndonos al centro del río. El agua nos colocará en la dirección correcta y lejos de las orillas donde existe mayor riesgo.

FOTO: RAFTING LLAVORSÍ

FOTO: RAFTING LLAVORSÍ

moviendo las piernas como una tijera, de forma que el agua nos arrastrará hacia el centro, donde hay más agua. Así nuestro esfuerzo será menor y nuestra seguridad aumentará. Una vez allí nos colocaremos a favor de la corriente y comenzaremos el descenso.

En el agua

Con el hidrotrineo bien agarrado, trataremos de llevar la cabeza lo más alta posible, para ver bien nuestro camino, lo que puede haber por delante y anticipar nuestros movimientos para esquivar obstáculos o bien girar con antelación. Debemos intentar no perder nunca de vista al guía, pues él será el que marque el camino más seguro y divertido. Si seguimos sus indicaciones, la corriente jugará a nuestro favor y no tendremos que realizar un esfuerzo excesivo. Moveremos las piernas igual que cuando se nada a crol. En el agua el movimiento no produce calor, por lo que solo nadaremos cuando sea necesario y ahorraremos energías, confiando nuestra temperatura corporal al traje de neopreno.

Girar

Recordemos que la única forma de llevar el control es modificar nuestra velocidad respecto al agua. Si vamos a la misma velocidad que ésta, nos llevará donde ella quiera, por lo tanto tendremos que remar con los pies de forma que vayamos más despacio o más rápido que la corriente.

Nuestra piernas son nuestro motor, ellas nos proporcionarán la energía. Siempre las moveremos en el mismo sentido, con un movimiento de tijera, realizando los giros con el hidrotrineo y la cadera. No olvidemos que para girar deberemos bajar la cadera del carenado, para permitir ese juego.

Orientaremos la tabla hacia la dirección que queremos tomar, mientras las piernas hacen lo contrario. Sin embargo no debemos pensar en todo esto, solo apuntaremos nuestro «hidro» en la dirección que queramos tomar y remaremos con las piernas.

Si la corriente es muy fuerte existe otra forma de girar más rápida. Para girar a la derecha deberemos bajar el pie izquierdo y subir el derecho, lo que, gracias a las aletas, nos hará girar. El giro a la izquierda se hace justamente al revés.

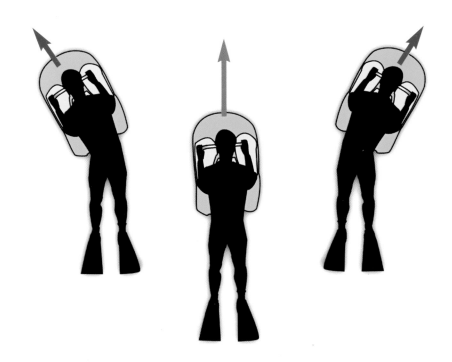

Para girar debemos tener la cadera fuera del carenado. Tan sólo deberemos apuntar el hidrotrineo en la dirección que queremos efectuar el giro e impulsarnos mediante las aletas.

Obstáculos

Frente a un obstáculo, siempre que lo veamos con la suficiente antelación, trataremos de esquivarlo mediante un giro simple, alejándonos de él. En el caso de que nos sea imposible evitarlo, agarraremos con fuerza el hidrotrineo y trataremos de protegernos con él, como hemos dicho, usándolo de escudo. La cabeza la separaremos al máximo de la tabla, para evitar un posible golpe tras el encontronazo.

Si llegamos a los rápidos trataremos de superarlos haciendo ondular nuestro cuerpo siguiendo las olas. Aunque al principio pueden impresionarnos, enseguida se convertirán en nuestra zona preferida, donde disfrutaremos al máximo de la experiencia en el río.

Vuelcos

El hidrospeed puede volcar al atravesar una zona complicada de lado y debemos ponerlo nuevamente en su posición lo antes posible. La forma de hacerlo es un movimiento casi instintivo, que explicado resulta algo complejo, pero que en la práctica nos será muy fácil.

Sin soltar la tabla, cuando estemos boca arriba, estiraremos un brazo con fuerza y realizaremos un giro de cadera que nos permita subir y darle la vuelta en un solo movimiento. Lo mejor es que nos lo expliquen los monitores y tratar de realizarlo ya en el agua. Es muy sencillo.

Si tenemos problemas para hacerlo de esta forma, queda una mucho más sencilla, que consiste en soltar una mano, colocarlo en su posición y volver a subirnos por su parte trasera.

Ambos métodos solo requieren de una acción rápida, y manteniendo la calma, no hay motivo para preocuparnos ni asustarnos, siempre habrá un monitor cerca que podrá ayudarnos

En el caso de que perdiésemos el hidrotrineo, nos colocaremos en posición de seguridad y trataremos de nadar en el centro de la corriente hasta que seamos rescatados.

GLOSARIO

• Contracorriente: Se llama contracorriente tanto al agua que circula en sentido contrario a la corriente principal, como a la que nos encontramos detrás de un obstáculo o en la orilla del río.

• Escarpines: Calzado de goma que se emplea en determinados deportes relacionados con el agua.

• Rápido: Lugar del río donde la corriente se hace más rápida a consecuencia de la conformación del cauce en ese punto.

PIRAGÜISMO

Los deportes que se pueden practicar en un río de aguas bravas son variados y ofrecen una amplia gama de posibilidades que permitirán, tanto al profano como al profesional, pasar un rato agradable en plena naturaleza. Ese es uno de los grandes alicientes de estos deportes, el entorno natural donde habitualmente se desarrollan, que ofrece el complemento perfecto para una experiencia deportiva o de aventura. El piragüismo es el más antiguo de todos ellos. Lejos de las aguas bravas también se puede disfrutar de la naturaleza como marco de una aventura en un río.

Las embarcaciones impulsadas por remos que conocemos hoy en día proceden de las que utilizaban los esquimales o bien de las canoas canadienses. Ambas han seguido modificándose a lo largo de la historia, unas más que otras, hasta formar diversas categorías deportivas.

El kayak, es un descendiente de las embarcaciones que utilizaban los esquimales, los *Ka-i-ak*, cuya traducción es «bote de hombres». El tripulante de este tipo de embarcación va sentado y la impulsa mediante un remo o pala de doble hoja. Se trata de una embarcación cerrada, donde el remero va cubierto hasta la cintura. Las canoas por su parte, tienen a su antepasado en las embarcaciones de los pueblos primitivos que habitaban Canadá, y se obtenían a partir de un tronco sobre el que se trabajaba hasta ahuecarlo, o bien, se construía con madera y pieles de animales.

Los responsables de su implantación en el resto del mundo fueron los ingleses, que trajeron a Europa el diseño y lo mejoraron con listones de madera y lonas impermeables. John Mac Gregor, un abogado escocés, diseñó y construyó su propia embarcación en 1865, con la que recorrió muchos de los ríos del norte y centro de Europa y llegó incluso al mar Rojo. Se le considera el padre de este deporte.

El rey de los deportes de los ríos de aguas bravas es, sin duda, el kayak.

REQUISITOS FÍSICOS

Para enfrentarse a un río de aguas bravas o a un sencillo paseo a bordo de una canoa es necesario saber nadar bien. Por las características de estos deportes intentar practicarlos sin los debidos conocimientos podría resultar muy peligroso. No basta con llevar un chaleco que nos mantenga a flote, debemos desenvolvernos con soltura en el medio acuático.

Esos conocimientos nos transmitirán la confianza necesaria como para solventar diversos problemas y enfrentarnos con situaciones que de otro modo podrían ser comprometidas. Un simple vuelco de la embarcación, algo muy posible, nos exigirá determinadas acciones que requieren tranquilidad, concentración y cierta habilidad, lo que no conseguiremos si el agua representa un problema.

La forma física no debe ser excepcional, pero si debemos encontrarnos bien, pues principalmente en las variedades de aguas bravas, precisaremos de gran resistencia. Enfrentarse a uno de estos ríos requiere un esfuerzo continuado y, en ocasiones extremo, durante

un largo período, por lo que necesitaremos emplearnos a fondo.

En cualquier caso no podemos llegar a ese paso sin haber superado antes un período de aprendizaje y un entrenamiento adecuado, que será el que nos proporcione esa fuerza y resistencia necesarias.

Equipo

Sin que importe nuestro grado de experiencia, el casco y el chaleco nunca deben faltar en nuestro equipo.

En aguas bravas, tanto si vamos a bordo de una canoa, como de un kayak, tendremos que ir provistos del correspondiente casco, el chaleco salvavidas, un traje de neopreno, calzado adecuado y por supuesto la pala o remo, además de la embarcación que cada modalidad y momento precisen.

El casco

Es una parte del equipo fundamental e imprescindible en los deportes de aguas bravas. La razón está clara. En la corriente abundan las piedras y los obstáculos de todo tipo, la violencia y fuerza de las aguas hacen que sea muy posible que se produzca un vuelco o un encontronazo, por lo que nuestra cabeza deberá ir protegida en todo momento. Los cascos son similares a los que se emplean en el rafting o el hidrospeed.

El chaleco salvavidas

El chaleco será también nuestro compañero inseparable cuando estemos iniciándonos en estos deportes o nos enfrentemos a aguas de categoría III (ver recuadro en el capítulo sobre el hidrospeed) o superior. No importará cuanto dominemos nuestra embarcación, ser más o menos experto no nos librará de esta pieza del equipo que garantiza nuestra flotabilidad en cualquier condición.

Los chalecos deben ajustar bien, sin por ello impedir los movimientos del palista. Deben permitir la perfecta movilidad de los brazos en todo momento y en cualquier postura.

El traje de neopreno

Este es otro compañero inseparable de los deportes en este tipo de aguas. Es la única forma de soportar las bajas temperaturas del agua sin sufrir las consecuencias y disfrutando al máximo de la experiencia. No solo se trata de una cuestión de comodidad, la posibilidad de sufrir una hipotermia es algo muy real si carecemos de la protección del neopreno.

El chaleco salvavidas nos mantendrá a flote en cualquier circunstancia.

Calzado

Los escarpines de goma serán lo más apropiado, pues además de cómodos están ideados para este tipo de actividades, Pueden sustituirse por unas zapatillas de deporte, sin embargo este calzado si se moja se vuelve pesado e incómodo y en caso de necesitar nadar, nos entorpecerá.

Los remos

Los remos son diferentes, en la práctica del kayak y de la canoa. Mientras en el kayak se emplea una pala de doble hoja en la canoa se utiliza una pala simple.

Los materiales suelen ser la fibra de carbono que aúna ligereza y resistencia. Los remos flotan y suelen estar pintados de brillantes colores para que puedan localizarse rápidamente en al agua. La fibra de carbo-

no es el elegido casi siempre para el kayak, mientras que en las canoas se puede utilizar también la madera o la combinación de ambos materiales. Sin embargo la dificultad de las reparaciones en las partes de madera hace que se prefiera la fibra.

Las embarcaciones

Antes de pensar en el tipo de embarcación debemos tener muy claro nuestro nivel, las aguas a las que vamos a destinarla y otras muchas consideraciones. Por ello es aconsejable iniciarse en algún club donde tendrán todo el material. Así, aprenderemos con el material de iniciación, para ir evolucionando junto con nuestras habilidades hacia la modalidad que más nos atraiga.

En las tiendas deportivas especializadas encontraremos un tipo de

embarcación para cada necesidad. La práctica del piragüismo se puede llevar a cabo en casi cualquier lugar que cuente con agua, desde los tranquilos embalses, hasta los ríos más salvajes, pasando por el mar y hasta por canales artificiales.

Para cada uno de estos lugares de navegación se han diseñado embarcaciones específicas que se adaptan perfectamente a las características de cada uno de los deportistas. Lo mejor será adquirir la suficiente experiencia como para saber lo que necesitamos, o bien dejarnos aconsejar por un experto profesional, al que explicaremos qué es lo que deseamos obtener con este deporte y dónde lo vamos a practicar. De esa forma obtendremos la embarcación que más se adapte a nuestras necesidades y preparación.

Tipos de embarcaciones

Kayak.

Podemos encontrarnos con tres tipos de embarcaciones, el kayak, más estrecho y puntiagudo que las otras dos, la canoa o piragua, de una o varias piezas y la canoa canadiense, sin puente y con el cuerpo abierto.

El kayak

Es, como hemos dicho, un sucesor de las utilizadas por los esquimales. Se trata de una embarcación cubierta en casi su totalidad. La única abertura, llamada bañera, es el lugar por el que se introduce el tripulante. Éste lleva una pieza impermeable, llamada cubrebañera, que se ajusta a los bordes de la abertura, de forma que impide la entrada de agua al interior.

El cubrebañera se ajusta de tal modo que mantiene estanco el interior de la embarcación aún en el caso de que el kayak vuelque completamente, por lo que permite ciertas maniobras para recuperar la postura inicial. Estas maniobras (esquimotaje) se describirán más adelante en el capítulo de la técnica.

Canoa canadiense.

El kayak posee un asiento, colocado por encima del casco y a la misma altura a la que va colocado el apoyo para los pies, el reposapiés. Tanto la posición del asiento como el apoyo para los pies, son imprescindibles para que el palista pueda ejercer la fuerza necesaria y pueda colocarse en el kayak en la posición correcta.

Las embarcaciones de aguas tranquilas cuentan con un timón que el tripulante controla con los pies. En los kayak de aguas bravas no hay timón pues acabaría por romperse con las rocas y otros obstáculos del río. Estas embarcaciones requieren por ello un mejor dominio de las técnicas, imprescindible de todos modos para enfrentase a las aguas bravas.

El remo del kayak es una pértiga, con dos cucharas, una en cada extremo, que están colocadas de forma asimétrica. El propósito de la diferencia de orientación de las cucharas, es que cuando el palista rema y aplica la máxima fuerza en una palada, la cuchara que permanece fuera del agua, ofrezca la menor resistencia posible al viento.

La canoa

Son embarcaciones con el casco abierto, a diferencia del kayak. En las canoas el tripulante rema con una rodilla apoyada mientras lleva la otra pierna flexionada. Esta postura utilizada en las aguas tranquilas, se modifica en las aguas bravas, donde el tripulante rema con ambas piernas arrodilladas. En las canoas canadienses el tripulante va sentado.

La canoa no dispone de timón, por lo que la dirección depende siempre del correcto uso de la pala. En estas embarcaciones es más complicado mantener el equilibrio y es más fácil tambien perderlo con el movimiento de remar. El remo utilizado es de una sola hoja. Las canoas canadienses tienen una manga mayor y por lo tanto son más estables.

Técnica

Lógicamente la técnica empleada en el kayak no es la misma que la necesaria para manejar una canoa, hablaremos brevemente de ellas por separado más adelante. Sin embargo hay determinadas nociones y preparación que es igual para ambas modalidades.

Guardar el equilibrio

El equilibrio es otro factor determinante en cada una de las acciones que emprenda el tripulante. Las características de las embarcaciones, hace que éstas sean muy inestables. Cada acción tiene una reacción que resta estabilidad a la piragua, por lo que tendremos que habituarnos a estos movimientos y ser capaces de realizarlos sin perder el equilibrio.

En el kayak, la posición del palista, sentado, hace que el centro de gravedad se encuentre más bajo y por lo tanto es más sencillo mantener el equilibrio que en la canoa, donde el deportista se encuentra de rodillas y por lo tanto con el centro de gravedad más alto. Sin embargo es frecuente que en los primeros contactos con estas embarcaciones se pierda el equilibrio y se acabe en el agua.

Lógicamente en condiciones atmosféricas adversas, como por ejemplo con viento o ante los rápidos u otros obstáculos, la estabilidad se verá comprometida. Cada uno de estos factores, tanto

En las canoas canadienses es más sencillo mantener el equilibrio, a pesar de lo cual, en las primeras tomas de contacto es habitual acabar en el agua.

los provocados por el propio movimiento de remar, como los derivados de factores externos, dejarán de ser un problema con el tiempo.

En caso de vuelco

En cualquier caso ante un eventual vuelco hay que saber como actuar. En las embarcaciones en las que se emplea un cubrebañeras- pieza que se ajusta al cuerpo del palista y cierra la bañera- se puede retornar a la posición inicial

mediante una maniobra conocida como esquimotaje. Esta maniobra requiere práctica y suele aprenderse en aguas tranquilas, provocando a propósito el vuelco.

Otras embarcaciones o circunstancias impiden esta técnica, por lo que hay que saber cómo salir de la piragua sin perderla, ni soltar el remo y retornar con ella hasta un lugar donde nos sea posible volver a subir y continuar el descenso.

Para ello debemos ensayar volcando a propósito y remolcando nuestra embarcación agarrada por un extremo mientras se nada con las piernas, de la misma forma que se rescataría a una persona, hasta llegar a una orilla donde nos será posible volver a subir. Convienen dominar estas maniobras antes de que ocurran de repente en medio de un río y nos pillen por sorpresa.

El viento

Por regla general el viento es un aliado de las embarcaciones, permitiéndoles desplazarse, sin embargo en el piragüismo, al carecer de velas y la

El viento puede ayudarnos si es lo suficientemente fuerte y tiene la misma dirección y sentido de nuestro desplazamiento, si bien en la práctica es muy difícil que esto ocurra.

propulsión depender en todo momento del palista, el viento se puede convertir en un enemigo que nos frenará y nos obligará a realizar un trabajo extra, para obtener la misma velocidad.

El viento también puede suponer una ayuda al palista, si le empuja y le ayuda a desplazarse. Ese viento que nos ayudaría en nuestro desplazamiento, empujándonos y permitiendo una frecuencia de paleo más alta, se denomina viento dorsal. En ocasiones, cuando más cansados estemos, lo echaremos de menos.

El viento frontal será el que nos frene y nos obligue a trabajar duro. El ritmo y la frecuencia del paleo serán más lentos y tendremos que hacer más esfuerzo. Los deportistas altos tienen el inconveniente de ofrecer mucha más resistencia al viento, si además pesan poco su trabajo se incrementará. Nada se puede hacer contra el viento, no nos quedará más remedio que continuar remando y disfrutar con el esfuerzo.

El viento lateral afectará, no a nuestra velocidad, sino a nuestro rumbo, obligándonos a corregirlo constantemente. Este tipo de viento afecta de forma diferente a los tripulantes de un kayak que a los de una canoa, ya que en la canoa el palista rema solo por un lado de la embarcación.

Con un viento suave que sople del mismo lado por el que rema el palista, no se notarán prácticamente los efectos y la embarcación mantendrá su rumbo. Si el viento es más fuerte, el palista tendrá que remar más separado de la embarcación.

Propulsión

Hay otros factores comunes, como por ejemplo la propulsión que en ambos casos es labor del deportista, a través de un remo que no cuenta con un punto de apoyo en la embarcación. Pero ya que los remos serán diferentes para cada caso y que la postura y movimientos del palista también, trataremos este tema en el apartado de técnica de cada una de estas modalidades.

La canoa

El remo o pala en la canoa: La pala que se emplea en la canoa está formada por una pértiga con una sola cuchara en un extremo mientras que en el otro presenta la empuñadura en forma de «T». En agua bravas encontraremos que el borde de ataque además de ser ovalado cuenta con un refuerzo especial, en fibra de vidrio o incluso metal.

Como embarcar: Subirse a la canoa es una operación muy sencilla cuando se ha practicado y cuando se ve a un

profesional embarcando parece fácil, pero intentarlo sin la debida experiencia y acabar en el agua es todo uno. Los movimientos deben estar sincronizados y la transferencia de pesos muy controlada para que la inestabilidad de una embarcación tan estrecha no se convierta en nuestro enemigo.

El paleo: Debemos ser capaces de conseguir una remada o paleo, efectivo, capaz de propulsarnos de la forma correcta y sin que perdamos energía en el movimiento. El paleo se divide en dos fases bien diferenciadas, la primera la fase acuática, es la que corresponde al movimiento de la pala mientras está en el agua; y la fase aérea, al tiempo que la pala permanece fuera del agua. Ambas fases son importantes y requieren la misma atención.

El movimiento debe ser fluido introduciendo la pala en el agua sin chapoteo. La cuchara debe formar un ángulo recto con la canoa. Arrastraremos la cuchara hacia la popa de la canoa manteniendo un ángulo de 90° respecto al agua, hasta que el brazo que realiza la tracción, llegue hasta la altura de nuestro muslo. Por último la mano de gobierno realiza un movimiento lateral, ayudada por la otra mano, para sacar la pala del agua. Para ofrecer la menor resistencia posible al agua, la cuchara sale de canto. El cuerpo del palista se vuelve a colocar recto. En la fase aérea la pala permanecerá fuera del agua por lo que no contribuirá en el desplazamiento, nuestro objetivo es que vuelva cuanto antes al agua.

Además están todas las maniobras propias de las canoas con más tripulantes o las que se efectúan en aguas bravas cuya complejidad y extensión sobrepasan las pretensiones de esta obra.

El kayak

Cómo embarcar: Para que la operación de embarque sea más sencilla conviene colocar el kayak con la proa orientada en la dirección del viento o bien de la corriente, lo que eliminará de la ecuación el empuje lateral de uno u otra. Colocaremos la pala en perpendicular con la embarcación apoyada en

Las distintas embarcaciones y los distintos tipos de palas hacen que en cada caso se emplee una técnica diferente en la remada.

En las embarcaciones con más de un tripulante es necesario realizar una remada sincronizada para que resulte efectiva.

uno de sus extremos en la bañera y con el otro en la orilla, en cualquier punto fijo y fiable. La pala nos servirá de apoyo para los brazos y no debemos soltarla en ningún momento, para evitar que se la lleve la corriente.

Agarraremos la pala y nos apoyaremos en ella, lo que mantendrá el kayak estable para que podamos subirnos a

él. Introduciremos las dos piernas en la bañera y las mantendremos estiradas. Antes de separarnos de la orilla nos instalaremos correctamente en el interior del kayak.

La pala del kayak: La pala empleada en el kayak es una pértiga de doble hoja, que, como inmediatamente comprobaremos, poseen un extraño ángulo.

La longitud de la pala está relacionada con las características físicas y técnicas del palista.

perpendicular al agua. Trataremos de que se hunda lo correcto. Ni mucho, lo que no nos permitiría hacer el movimiento correcto, ni tampoco de forma superficial, lo que no sería efectivo.

Deslizaremos la pala por el agua, hacia la popa, mientras estiramos el otro brazo y vamos recuperando la posición inicial del cuerpo. La remada continúa al introducir la otra cuchara en el agua, por el otro lado de la embarcación. Dado que ambas hojas tienen una diferente orientación hay que realizar un giro de muñeca para que por el otro lado también entre en el agua de la forma apropiada.

Las maniobras en aguas tranquilas y bravas no tienen cabida en una obra de estas características. En cualquier caso no olviden los lectores que es necesario aprender las técnicas necesarias de la mano de profesionales titulados.

Las cucharas están orientadas perpendicularmente entre sí, formando un ángulo de entre 80 y 90°. Esto favorece el movimiento del palista y ofrece menor resistencia al aire cuando la cuchara está fuera del agua. La longitud de la pala está relacionada con las características físicas y técnicas del propio palista y puede variar unos pocos centímetros. Los materiales son los mismos que ya hemos visto para la elaboración de embarcaciones y remos (madera y fibras de vidrio o carbono).

Cómo manejar la pala del kayak: Lo primero será agarrar la pala de la forma correcta. Las manos deben estar separadas, la distancia correcta se comprueba levantando la pala agarrada por encima de la cabeza, si los brazos forman un ángulo recto con los hombros, estaremos haciéndolo bien. Si colocamos la pala frente a los ojos, una de las cucharas debe estar orientada como si fuese un espejo retrovisor.

La remada debe comenzar flexionando el cuerpo hacia delante y estirando el brazo del lado por el que vamos a introducir la pala en el agua. La pala debe introducirse en el agua sin producir chapoteo ni golpes, de forma

ESQUIMOTAJE

Ésta es una maniobra que sin duda recibe su nombre de los esquimales, expertos en realizarla y que permite al palista recuperar la posición normal tras un vuelco, sin necesidad tener que salir del kayak. Para realizarla convenientemente es necesario llevar un cubrebañera que impida que el agua entre en la embarcación y por supuesto estar perfectamente colocado dentro del bote.

Existen dos procesos diferentes, el esquimotaje central y el lateral. Cada uno de ellos requiere una serie de movimientos sincronizados de la pala y el cuerpo, pero ambos coinciden en algo. En los dos tipos de esquimotaje hay que mantener la calma y no perder la orientación, algo fácil al encontrarnos cabeza abajo y sumergidos en el agua.

Mantenimiento

En este deporte, como en cualquier otro que entrañe cierto riesgo para el deportista, es fundamental mantener el equipo en perfectas condiciones. Nada puede quedar al azar cuando nuestra vida está en juego. Además, como amantes del deporte que nos ocupa, querremos que nuestra embarcación y todo lo que la acompaña permanezca con nosotros el mayor tiempo posible. Tampoco hay que olvidar que los equipos no son precisamente baratos y no es cuestión de renovarlos cada dos por tres.

Por lo tanto y en la medida de los posible, evitaremos que nuestra embarcación se golpee, o se roce, pues podrían producirse serios daños, o incluso se podría deformar el casco.

El agua, que será el medio donde se desarrolle nuestra actividad, puede ocasionar daños en el material si éste se queda húmedo durante mucho tiempo. Por ello, principalmente si nuestra embarcación es de madera, deberemos guardarla completamente seca, de la misma forma que el resto del equipo.

La forma de guardar nuestra embarcación también será importante. Debemos colocarla en posición invertida, así estará más estable, preferiblemente sobre algún estante. Procuraremos que ningún borde del estante o cualquier otra cosa roce con el casco,

para lo que acolcharemos esas partes. Asimismo evitaremos colocar una embarcación sobre otra o ponerlas en lugares de difícil acceso desde donde puedan caerse y dañarse.

Las palas son especialmente frágiles, por lo que las buscaremos un lugar protegido, nunca en el suelo, donde más tarde o más temprano sufrirían un accidente. Lo mejor es en posición vertical y colgadas de la pared, pues si se apoyan en

el suelo puede dañarse la hoja.

El sol será un mal aliado para todas las piezas de nuestro equipo, por lo que procuraremos mantenerlas en un lugar seco, fresco y aireado. Solo así mantendremos todo nuestro material en perfecto estado para la próxima vez que decidamos usarlo.

GLOSARIO

- Babor: Mirando de popa a proa es el lado izquierdo de la embarcación.

- Bañera: Es una abertura en el cuerpo de la embarcación por la que se introduce el piragüista.

- Casco: Es el cuerpo de la embarcación.

- Cuchara: Ver «hoja».

- Eslora: Longitud de una nave desde el codaste a la roda.

- Estribor: Lado derecho de la embarcación mirando desde la popa a la proa.

- Hoja: La hoja o cuchara es la parte más ancha de la pala. Esta es la parte que se introduce en el agua para realizar la tracción.

- Manga: Anchura mayor de una embarcación.

- Pala: Instrumento que se utiliza para remar. El remo es diferente en la canoa que en el kayak. En la primera consta de una empuñadura, una pértiga y una sola hoja, mientras que en el segundo a cada extremo de la pértiga hay una cuchara.

- Popa: Es la parte posterior de una embarcación.

- Proa: Es la parte delantera de una embarcación.

- Repaleo: Movimiento que se realiza con la pala para realizar una corección de rumbo.

SUBMARINISMO

El submarinismo es un deporte seguro, que no puede catalogarse por tanto como de riesgo, aunque sí como deporte de aventura. Lógicamente existe un riesgo desde el momento en que abandonamos la superficie para introducirnos en un medio ajeno, para el cual no estamos capacitados, pero el entrenamiento, la autodisciplina, los conocimientos necesarios y sobre todo una práctica responsable de la actividad, han permitido que este deporte tenga un auténtico récord de seguridad.

El espíritu humano es incansable y no conoce límites, ni siquiera los que él mismo se impone y muy pronto el mar y principalmente su conquista se convirtieron en una meta tecnológica, bélica y económica. Sin embargo, antes incluso de todo esto ya existen referencias de intentos de conquista.

Hace casi 6.500 años, los pescadores de perlas se sumergían ya en apnea, siendo sin duda los pioneros en la exploración submarina. Aristóteles, Plinio el Viejo o Magallanes, entre otros muchos, intentaron desentrañar los misterios de las profundidades sin demasiado éxito.

En 1819, Augustus Siebe inventó la escafandra. Robert H. Davis, en 1911, propone un equipo autónomo, que supone el primer paso hacia la verdadera escafandra autónoma. En 1865, Rouquayrol y Denayrouze inventan el primer regulador portátil de aire comprimido. Las primeras aletas aparecen en 1935 basándose en algunos diseños de Leonardo da Vinci.

En diciembre de 1942, el ingeniero francés Émilien Gagnan y el comandante Costeau dan por fin con la solución, e inventan el primer equipo que ofrecerá verdadera autonomía a los buceadores. Este equipo

En la práctica del buceo deportivo es fundamental observar las máximas precauciones, tanto para nuestra propia seguridad como para la de nuestro compañero.

Bajo ninguna circunstancia debemos perturbar el ecosistema marino o a sus legítimos habitantes.

está compuesto por una o varias botellas y un regulador, que permite suministrar al buceador el aire que precisa a la presión adecuada y a través del propio regulador. Las primeras inmersiones se realizarían casi un año después, en el verano de 1943, por el propio Costeau, Philippe Taillez y Frédéric Dumas.

La mejora de las técnicas y los materiales proporcionaron el impulso necesario al buceo hasta que se convirtió en una actividad apta para cualquier persona. Hoy en día son millones los aficionados que cuentan con su título de buceo deportivo.

REQUISITOS FÍSICOS

El submarinismo es un deporte apto, en principio, para todos los interesados. Acercarse al mundo subacuático no requerirá de nosotros largos y duros entrenamientos, una fuerza excepcional o unas condiciones físicas por encima de lo normal. Por descontado ambos sexos tienen las mismas posibilidades, sin que éste sea un factor decisivo, al igual que no lo es la edad.

Sin embargo, existen unos requisitos previos que deberemos cumplir para practicar el submarinismo sin riesgo. Mentalmente el submarinis-

ta deberá ser una persona equilibrada. Físicamente deberemos pasar un control médico anual.

NUESTRO CUERPO EN EL AGUA

Bajo el agua estaremos en un medio para el que nuestro cuerpo no está preparado. Veamos cuáles serán sus reacciones y necesidades.

La respiración

En la respiración encontraremos el primer cambio sobre nuestras costumbres. Por norma se suele respirar por la nariz, sin embargo el submarinista lo hará por la boca, donde tiene colocado el regulador. Trataremos de realizar una respiración tranquila y profunda, sin exagerar, para favorecer el intercambio de gases en nuestros pulmones.

La circulación

Bajo el agua, el sistema circulatorio experimenta ciertos cambios con los que nuestro organismo se adapta a la nueva situación. En primer lugar se produce una ralentización de los latidos del corazón también algunas irregularidades electrocardiográficas. El pH de nuestra sangre se modifica temporalmente. Nuestra presión arterial también cambia, sufriendo en primer lugar un descenso, para luego aumentar de forma lenta pero constante. Una mayor cantidad de sangre llega a los pulmones, incrementándose a medida que aumenta la profundidad. La presencia de mayor cantidad de sangre en los pulmones evita su aplastamiento a causa de la presión hidrostática.

El oído

El aparato auditivo y la capacidad de audición experimentan grandes cambios bajo el agua que deberemos tener en cuenta en cada inmersión. Bajo el agua el sonido se desplaza más lejos que en la superficie y aproximadamente cuatro veces más rápido. Esto significa que podremos escuchar sonidos mucho más lejanos y también que, posiblemente, tengamos dificultades para determinar la dirección de la que provienen.

Otro factor que afectará al oído es la presión. El tímpano es una membrana elástica muy sensible que llegaría a romperse si nos sumergiésemos sin hacer nada para evitarlo. La forma de evitarlo es compensar la presión existente en el interior con la del exterior, para ello deberemos insuflar aire en el oído medio, mediante la maniobra de Valsalva.

La vista

Nuestros ojos están adaptados a funcionar en el aire y no son capaces de enfocar dentro del agua. El indice de refracción es distinto y la consecuencia es que los objetos se enfocan más allá de la retina, con lo cual, bajo el agua, todos somos hipermétropes. Esto no supondrá ningún problema siempre que se tenga en cuenta que los objetos bajo el agua parecerán estar un tercio más cerca y en la misma proporción nos parecerán mayores.

Equipo

El equipo es fundamental para la práctica de la actividad que nos ocupa, siendo necesario para que seamos capaces de adentrarnos en un medio completamente ajeno al nuestro habitual.

La máscara

La máscara debe contar con una cavidad especial para la nariz o para los dedos, lo que nos permitirá compensar con mayor facilidad. Si careciese de este espacio no nos servirá. El reborde de la máscara deberá ser flexible y cómodo. El perfil deberá ser bajo pues así tendrá un menor volumen de aire y por lo tanto precisaremos menos aire para compensar. Además, será también más sencillo vaciarlas de agua en caso de que se inunden. La correa de sujeción debe ser ajustable y quedar fija en la posición que elijamos. El cristal o lente debe ser cristal templado, lo que en caso de que se rompa evitará que se astille peligrosamente. Podremos encontrar máscaras de goma o de silicona. Las de silicona serán más duraderas, funcionales y caras. En la correa de la máscara llevaremos sujeto otra de las piezas del equipo, el tubo de respiración.

El tubo de respiración

Ésta es una pieza estándar de nuestro equipo de buceo que nos permitirá desplazarnos en la superficie con mayor comodidad y sin consumir aire de la botella. Buceando a pulmón se evita tener que sacar la cabeza para respirar cuando se está en la superficie. En el tubo debemos buscar que posea un diámetro interior suficiente, que no sea excesivamente largo (máximo 420 mm) y que tenga un diseño suave y redondeado, para evitar que el anhídrido carbónico o el agua se estanquen en su interior; asimismo deberá ser anatómico, es decir, que cuando se use no fuerce la correa de la máscara o nos resulte incómodo. Los

La máscara debe ajustar perfectamente y permitir compensar con comodidad.

materiales con los que están elaborados los tubos son la goma, la silicona y el plástico.

Las aletas

El tamaño y otras características de las aletas dependerán del submarinista, del área geográfica donde vaya a bucear y de las prestaciones que desee. Podemos encontrar dos tipos diferentes de aletas. Algunas de ellas cuentan con correas ajustables, se conocen como aletas regulables y llevan el talón del pie al descubierto; mientras que otras cubren por completo el pie: son las aletas calzantes. Las más utilizadas son las primeras y la mayoría de las aletas actuales están hechas con termoplásticos y goma. Deberemos fijarnos también en que nos resulten cómodas, probándonoslas como haríamos con un par de zapatos.

El traje isotérmico

Las funciones del traje son varias y diferentes. Por un lado nos servirá de abrigo, ya que en el agua perderemos calor con mucha rapidez, y por otro, como protección del submarinista del ambiente externo. Se pueden

Chaleco hidrostático.

Grifería.

diferenciar dos estilos básicos: los trajes húmedos y los trajes secos. Los húmedos son los más empleados. Entre ellos encontraremos gran variedad de modelos, diseños y espesores. Estos trajes permiten el paso del agua y mantienen una película de la misma en contacto con la piel. En los trajes secos el aislamiento es mucho mayor, impiden por completo el paso del agua y, por lo tanto, el submarinista permanece totalmente seco. En los trajes de cuerpo entero se utilizan materiales como el nylon o la lycra. En los trajes húmedos se utiliza el neopreno, también empleado en los trajes secos.

El compensador de flotabilidad o chaleco hidrostático

Este elemento es imprescindible para el buceador, permitiéndole obtener la flotabilidad deseada en cada momento. Aunque podemos encontrar diferentes modelos, el más empleado actualmente es el *jacket*, un compensador de flotabilidad con forma de chaleco que sirve además para sujetar la botella. Los materiales

más empleados son el plástico de uretano y el nylon.

Equipo de escafandra autónoma

El sistema de escafandra autónoma nos permitirá bucear durante un tiempo prolongado, ya que contaremos con un suministro de aire que trasladaremos con nosotros. Distinguimos tres elementos principales en el equipo de escafandra autónoma. Las botellas de aire comprimido, que cuentan con una válvula que abre y cierra el paso del aire, un arnés para sujetar la botella a la espalda del submarinista, el regulador de dos etapas que proporciona una cantidad controlada de aire al inhalar y un manómetro que nos indica la cantidad de aire disponible.

Las botellas: Las botellas o tanques son recipientes cilíndricos de metal que contienen aire comprimido, los mismos gases y en la misma proporción que encontramos en la superficie. Encontraremos botellas de diferentes capacidades, es decir, de distinto tamaño. Los materiales empleados en su construcción son el aluminio o el acero.

Las válvulas de las botellas o grifería: La válvula de la botella es la encargada de controlar la entrada y la salida del aire contenido en el tanque y suele estar elaborada en bronce cromado. La válvula ya viene instalada en las botellas y podemos encontrar dos tipos básicos diferentes. La denominada tipo «K» y la «J», que incluye un mecanismo de aviso ante la llegada del aire a la reserva.

Los reguladores: Los reguladores permiten utilizar el aire a alta presión contenido en las botellas, de forma que lo suministra a una presión adecuada únicamente cuando el submarinista inhala. Constan de dos etapas. La primera es la que va conectada a la grifería (la válvula del tanque), en ella la presión se reduce a otra intermedia. La segunda etapa está formada por la boquilla, donde la presión vuelve a reducirse quedando establecida a un nivel apto para respirar. Ésa debe ser la función y el requisito principal de un regulador, que permita respirar con facilidad.

Habitualmente los reguladores cuentan además con una fuente de aire alterna que servirá para sustituir a la principal en caso de una avería fortuita, o bien, para permitir que un compañero con problemas pueda respirar de nuestra botella.

El manómetro sumergible: El manómetro sumergible va conectado a la toma de alta presión marcada con una «H» del regulador y registra la presión real de la botella, indicándonos la cantidad de aire con la que comenzamos la inmersión y de la que disponemos en cada momento.

Complementos: El profundímetro que puede ser analógico o digital, independiente o unido al manómetro. Los relojes y cronómetros que nos permiten medir el tiempo de inmersión. El compás que nos permitirá conocer la dirección de nuestra marcha y en definitiva orientarnos o marcarnos un rumbo tanto en la superficie como bajo ella.

Todos estos elementos suelen ir agrupados en una consola de instrumentos, lo que facilita su traslado y permite que con un simple vistazo dispongamos de toda la información necesaria.

Complementos de los trajes isotérmicos: Para que la protección del cuerpo del submarinista sea completa, deberá incluir también las zonas normalmente más delicadas, es decir, las manos, los pies y la cabeza, para ello se utilizan capuchas, que pueden ser independientes o ir incluidas en el propio traje, guantes y botas o escarpines.

Sistema de contrapeso: El material empleado más común es el plomo. La forma de llevar el lastre es muy variada y está íntimamente relacionada con nuestra comodidad y seguridad. Los

más comunes son sin duda los cinturones de pesas, que son de nylon o neopreno y permiten colocarse el número de pesas o pastillas que precisemos.

El cuchillo: Debemos buscar uno con la suficiente resistencia, tanto para el uso que va a recibir, como para el medio donde se va a usar. Para ello lo mejor es seleccionar un cuchillo de acero inoxidable. Debe contar con

una funda rígida que nos proteja de él y nos permita transportarlo cómodamente.

Boya de señalización: Todo submarinista deberá marcar su posición mediante una boya de señalización o en cualquier caso, si cuenta con una barca de apoyo, informar de su presencia mediante unas banderas concretas que son reconocidas internacionalmente.

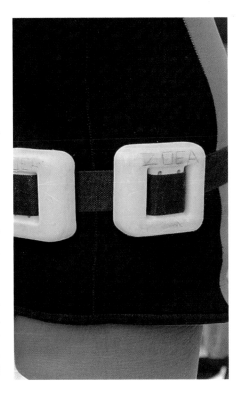

Técnica

resulten cómodos y efectivos, de forma que la botella quede bien sujeta. Fijaremos la primera etapa del regulador a la grifería de la botella, la manguera de baja presión al inflador del compensador de flotabilidad y siguiendo las normas de seguridad pertinentes, abriremos el paso del aire.

Últimas comprobaciones

Ya tenemos colocado todo el equipo y nuestro compañero también. Antes de lanzarnos al agua realizaremos una última inspección del equipo de nuestro compañero y él lo hará del nuestro. Todo deberá estar correctamente ajustado y funcionar de forma adecuada.

Entrar en el agua

Hasta que nos encontremos flotando en la superficie emplearemos el regulador para respirar. Luego y hasta la inmersión podemos emplear el tubo. Si

La técnica en el buceo con equipo de escafandra autónoma

Para bucear será necesario simultanear nuestro aprendizaje teórico con prácticas en aguas confinadas y aguas abiertas, siguiendo una evolución lógica y progresiva hasta que dominemos la teoría y la técnica, superemos las pruebas requeridas y obtengamos el título necesario.

Es de vital importancia la colaboración de un compañero que nos seguirá en nuestra aventura, que vigilará nuestro estado y el de nuestro equipo. Nuestros movimientos serán igualmente relajados, controlados y lo más efectivos posibles, respondiendo a los mismos principios que ya se han explicado.

Ensamblaje y preparación del equipo

Durante el proceso de ensamblaje y preparación realizaremos una comprobación más de cada elemento. Aseguraremos correctamente el arnés o el *jacket*, previamente ajustados para que

entramos desde la orilla y con las aletas puestas, caminaremos de espaldas. Si entramos desde una embarcación tenemos dos opciones. La primera es el paso de gigante. La otra opción es mediante una voltereta y se emplea normalmente cuando la entrada anterior no se puede realizar de forma cómoda.

Algunas maniobras básicas

Durante nuestro período de aprendizaje nos enseñarán diversas maniobras básicas que deberemos ser capaces de realizar bajo el agua. Así, aprenderemos a respirar sin la máscara, a solicitar la ayuda de un compañero o su fuente de aire alterna, a respirar compartiendo un mismo regulador, a recuperar el regulador en caso de que accidentalmente lo perdamos o a vaciar el regulador o la máscara de agua, entre otras cosas.

Moverse bajo el agua

Para movernos bajo el agua no debemos emplear demasiada energía, al contrario trataremos de que nuestros movimientos sean tranquilos, relajados y efectivos. No debemos desperdiciar energía pues ése será un factor determinante del consumo de aire. Las manos no se deben emplear para nadar, por lo que usaremos únicamente las piernas. Debemos evitar por todos los medios remover o dañar el fondo.

El ascenso a superficie

Tras ponernos de acuerdo con nuestro compañero para ascender, comenzaremos a emerger. Nuestra velocidad de ascenso nunca debe ser superior a 18 metros por minuto, de hecho, intentaremos que sea más lenta de ese límite. Para ello comprobaremos la hora exacta en que comenzamos a subir. Llevaremos la mano derecha sobre nuestra cabeza para protegernos de un posible golpe, mientras que la mano izquierda se encontrará en la válvula de escape del compensador de flotabilidad para controlar en todo momento nuestro ascenso. Siempre que podamos emplearemos el cabo del ancla como guía

Bajo el agua sólo emplearemos la piernas para impulsarnos, siempre con cuidado de no remover el fondo.

también para subir. Se recomienda efectuar una parada de seguridad a cinco metros de profundidad durante tres minutos. Tras esta pausa continuaremos el ascenso, a la misma velocidad y en la misma posición.

Desmontar y guardar el equipo

Tanto si nos encontramos en una playa o a bordo de una embarcación, deberemos desmontar el equipo y prepararlo para el transporte sin que sufra ningún daño. Una vez que nos dispongamos a guardarlo, deberemos hacer un enjuagado previo con agua dulce para eliminar cualquier resto de sal.

Hay mucho más que decir del buceo recreativo, pero se escapa a las pretensiones de este libro que son dar una mera introducción y unas nociones básicas de este deporte. Como en

cualquier caso, es necesario acudir a las federaciones o escuelas y seguir un curso antes de iniciarse en el apasionante mundo del buceo.

COMUNICACIÓN BAJO EL AGUA

Durante las inmersiones que realicemos será necesario comunicarnos con nuestro compañero y con el resto de buceadores. Como ya sabemos, tanto la luz como el sonido viajan de forma diferente bajo el agua, es decir, que tanto las comunicaciones visuales como acústicas deberán tener en cuenta este dato.

Una forma muy simple de llamar la atención de nuestro compañero será golpear con el mango del cuchillo o cualquier otro objeto sobre la botella. Pero aun en el caso de que buceemos con un compañero desconocido o incluso que hable otra lengua diferente, compartirá con nosotros un serie de señales comunes para todos los buceadores del mundo y que nos permitirán comunicar los conceptos básicos más importantes que podemos necesitar bajo el agua.

PARE, AGUANTE AHÍ

¿TODO BIEN?, TODO BIEN

ALGO ANDA MAL

¿TODO BIEN?, BIEN (EN SUPERFICIE O DISTANCIA)

¡SOCORRO! AYUDA

¿TODO BIEN?, BIEN (EN SUPERFICIE O DISTANCIA)

SUBA, SUBIENDO

BAJE, BAJANDO

QUEDA POCO AIRE

¡PELIGRO!

SE ACABÓ EL AIRE

RESPIRAR CON EL COMPAÑERO, COMPARTIR EL AIRE

VENGA AQUÍ

A MÍ O MÍREME

DEBAJO, SOBRE, ALREDEDOR

NIVELE PROFUNDIDAD

TENGO FRÍO

CALMA, VAYA DESPACIO

¿EN QUE DIRECCIÓN? (ALTERNANDO AMBAS POSTURAS)

NO LOGRO DESPEJAR LOS OÍDOS

VAYA EN ESA DIRECCIÓN

TÓMENSE DE LAS MANOS

ÚNASE A SU COMPAÑERO

VAYA USTED DELANTE, YO LE SIGO

FUERTE CORRIENTE EN ESA DIRECCIÓN

SONAJERO PARA SEÑALES ACÚSTICAS

DEPORTES NÁUTICOS

Los deportes que se practican habitualmente en el mar, como el windsurf, el surf o el bodyboard, constituyen una interesante opción para todos aquellos que buscan en el océano el marco para desarrollar sus aptitudes, hacer ejercicio, relajarse y divertirse.
Cualquiera de ellos destaca principalmente por la sensación de libertad que transmite a los deportistas que los practican. Tanto es así que estas disciplinas crean a su alrededor una subcultura, una filosofía de vida en la que el sol, el mar y el viento o las olas se convierten en el centro de un universo particular y hermoso.

Enfrentarnos al mar utilizando tan sólo nuestra habilidad, una frágil tabla y la fuerza del viento, nos hará sentirnos casi insignificantes ante la grandeza y la fuerza de la naturaleza, pero a la vez nos hará sentirnos grandes por ser capaces de enfrentarnos a esa fuerza y dominarla gracias a nuestra inteligencia y perseverancia. Ésas son las cualidades que deben primar en todo deportista y no dejarse vencer por la desidia o la ignorancia que nos pueden llevar a contaminar la cuna de la vida y trocar el orgullo y la satisfacción en vergüenza.

Tal vez no podamos hacer mucho ante las grandes catástrofes ecológicas, pero con el auge de los deportes al aire libre la afluencia de personas a las zonas de costa se multiplica y si todos los que amamos la vida sana nos preocupamos también de mantener el medio en equilibrio seremos capaces, con nuestro pequeño grano de arena, de colaborar en la construcción de una montaña en favor de la conservación del mar y las zonas de litoral.

Seguridad y convivencia

En la práctica de cualquiera de los deportes que vamos a ver debemos observar una serie de normas básicas de convivencia y seguridad, que eviten accidentes, conflictos y situaciones desagradables.

Siempre favoreceremos a la parte más débil, por lo que en cualquier situación los bañistas deberán ser respetados aun en el caso de que ellos realicen alguna maniobra poco respetuosa con nosotros. Ellos se acercan al mar con mucha menos frecuencia que nosotros y es posible que desconozcan esas normas no escritas.

Debemos ser capaces de navegar o surfear con otros deportistas, compartiendo las olas y el espacio y no realizar maniobras bruscas o imprevistas cuando tengamos a alguien muy cerca.

La playa y el mar serán nuestro lugar de descanso y ocio y, por lo tanto, debemos cuidarlos todo lo que nos sea posible.

En cuanto a la seguridad, lo primero que debemos tener claro es que el mar es una fuerza muy superior a la nuestra y que nuestra destreza no puede sacarnos de todos los apuros.

Salir al mar solo no es una actitud recomendable. Es conveniente como mínimo ir con un compañero/a y siempre avisar a nuestra familia o amigos de nuestras intenciones, el lugar al que vamos a ir y la hora a la que pensamos regresar.

Informarse y observar las condiciones meteorológicas y no salir al mar si éstas son adversas o supongamos que pueden ser peligrosas es una regla que no debemos olvidar.

Es importante evitar las zonas donde haya bañistas, buceadores, embarcaciones o cualquier otro elemento que comprometa nuestra integridad o la de terceros.

No debemos practicar estos deportes en solitario ni durante la noche o en condiciones adversas, como por ejemplo con niebla. No sólo nos pondremos en peligro a nosotros mismos, también podemos arriesgar la integridad de otros.

El windsurf

El windsurf es un deporte relativamente joven que, sin embargo, ha alcanzado una tremenda difusión y cuenta con miles de deportistas que lo practican habitualmente. Sobre una plancha de windsurf se disfruta del mar y la única energía que precisamos es la de nuestra propia fuerza y la del viento.

Su invención data de mediados de la década de los 60. En sus poco más de 30 años de existencia, el windsurf ha experimentado una notable evolución que, sin embargo, ha mantenido en todo momento las motivaciones que impulsaron a su inventor, Hoyle Schweitzer.

Equipo

El equipo básico para practicar el surf a vela o windsurf consta de la propia tabla y de la vestimenta que necesitará el deportista. Asimismo, es aconsejable llevar chaleco salvavidas, pues es una norma obligada por las autoridades marítimas.

Los tejidos empleados en su confección son el *dracon* y el *terylene*. La superficie vélica más usual es la de 5,2 metros cuadrados.

Técnica

Las satisfacciones de navegar sirviéndonos del viento y cabalgando las olas sobre una tabla de windsurf no es algo que se puede disfrutar sin una aprendizaje previo. Los primeros intentos pueden resultar incluso frustrantes pues a las técnicas necesarias debemos sumar nuestra habilidad y equilibrio, algo que sólo se adquiere con la práctica.

En cuanto al equipo personal debemos destacar el traje de neopreno y el calzado, así como unos guantes si la temperatura del agua los requieren. Las leyes marítimas de algunos países obligan a llevar chaleco salvavidas en cualquier deporte náutico.

Como es lógico, el primer requisito para realizar cualquier deporte en el agua es nadar con soltura. Además de eso llevaremos siempre un chaleco salvavidas y usaremos el sexto sentido que todos tenemos: el sentido común. No olvidemos que el medio donde se desarrollará nuestra actividad no es el nuestro y que la naturaleza es imprevisible.

Primeros pasos

– Elegir el momento y el lugar: las primeras veces no podremos ni meternos en el agua si la superficie no se encuentra en total calma.

– Es aconsejable acostumbrarse al equilibrio sobre la plancha (sin aparejo) mientras ésta reposa sobre la orilla. De igual forma deberemos habituarnos a levantar el aparejo y sostenerlo mientras nuestros pies se afirman en el suelo de la playa.

– Es aconsejable también fondear nuestra plancha mediante un cabo para evitar alejarnos de la costa sin la necesaria experiencia.

Primeros movimientos antes de salir

– Levantar la arboladura: la plancha debe encontrarse orientada al través respecto al viento, de forma que el palo se encuentre a sotavento, formando un ángulo de 90º con la plancha. Debemos tirar de la driza hasta que la arboladura se coloque vertical, con los pies a ambos lados del mástil, las rodillas flexionadas y el cabo de izar bien firme. Comenzaremos a tirar realizando el esfuerzo con las piernas. El tirón debe ser lateral y no hacia arriba, pues podríamos sacar el pie del mástil del orificio de anclaje.

Una vez levantado estiraremos los brazos y mantendremos el cuerpo erguido y ligeramente desplazado hacia atrás, formando un ángulo aproximado con la vela de unos 20º, esto compensará el peso de la arboladura y el efecto del viento en la vela.

Comenzando a navegar

El proceso de la salida parte desde la posición anterior, en la que de momento mantenemos sujeto el cabo

de izar. Ahora vamos a soltar una mano para agarrar la botavara. La mano del mástil, la que agarrará la botavara por la parte más cercana al mástil y que da al lado de la proa, suelta la driza y agarra la botavara. El movimiento se completa con un desplazamiento lateral del brazo en posición semiextendida y hacia barlovento. La salida será tanto más sencilla cuanto mayor sea el desplazamiento del mástil hacia barlovento. En todo momento nos mantendremos de espalda al viento. La mano del mástil debe permanecer a una distancia del cuerpo comprendida entre los 20 y los 30 centímetros.

Lo siguiente que haremos será agarrar la botavara con la otra mano y cazar la vela. Será la mano de la botavara, la más alejada del mástil, la encargada de cazar la vela, proceso que será progresivo y controlado. Un movimiento repentino puede acabar con una caída. Ambos pies se colocarán entonces por detrás del mástil.

Maniobras básicas

Las maniobras básicas, como orzar y arribar (cambios de rumbo respecto al viento), los virajes o las diferentes formas de navegar, requieren un espa-

cio mayor del que disponemos en esta obra. Todas las maniobras, sin embargo, se aprenden con la práctica y a pesar de su aparente dificultad se dominan sin problemas con tiempo y perseverancia.

El surf

Esperar sobre la tabla la llegada de la ola, remar con los brazos hasta colocarse en el lugar adecuado, donde la ola comienza a curvarse y podemos servirnos de su energía, y entonces, con habilidad y equilibrio, ponernos de pie y cabalgar sobre las olas, sintiendo el mar bajo los pies, utilizando de forma casi milagrosa su fuerza titánica que podría despedazarnos...

Los orígenes del surf se encuentran en la Polinesia, cuyos pobladores llegaron al archipiélago de Hawai donde se asentaron llevando consigo sus tradiciones. El surf era mucho más que una simple diversión. A su alrededor existían gran cantidad de rituales y actividades sociales. La casi totalidad de su vida giraba en torno al surf. Ese misticismo también ha llegado hasta nuestros días convirtiendo el surf en

una filosofía de vida, además de un deporte.

Equipo

El equipo necesario para la práctica de este deporte no es demasiado complejo y está elaborado para proporcionar al deportista comodidad y seguridad. El equipo se divide en las diversas prendas que componen la vestimenta del surfista y en la propia tabla.

El traje de neopreno nos proteje de la pérdida de temperatura, de los roces con la tabla o el fondo marino y nos proporciona flotabilidad. En determinados casos se pueden usar escarpines para los pies y guantes. También se suele usar la lycra, una camiseta de manga corta o larga confeccionada con ese material y cuya principal fun-

ción es evitar el roce del traje sobre la piel. El casco, aunque poco común es un artículo recomendable en este deporte.

Las tablas que se fabrican hoy en día son ligeras y resistentes, combinando materiales clásicos como la madera con la espuma de poliuretano, con la fibra de vidrio y/o la resina de poliéster. El plástico es un material que puede aparecer en algunas quillas. A la hora de elegir nuestra tabla debemos tener en cuenta consideraciones tales como nuestro peso y nuestra talla, nuestro nivel y la forma en que nos gusta hacer surf.

El invento sirve para evitar que la tabla se aleje de nosotros, manteniéndola en todo momento a nuestro alcance. Es un cable que va fijado a la tabla por uno de sus extremos a la cola de la misma. El otro extremo se sujeta en el tobillo del deportista, por lo que se conoce como tobillera.

Para mejorar el agarre de los pies en la tabla suele utilizarse parafina. Las pastillas de parafina para surf están compuestas de cera de abeja, incienso y parafina. Dependiendo de la temperatura del agua deberemos utilizar un tipo u otro. Los grips son una opción a la parafina, es decir, sirven para el mismo propósito: evitar que los pies resbalen de la tabla. Se trata de piezas de material espumoso que se adhieren en la zona precisa y que no requieren ningún mantenimiento.

En ocasiones podemos ver tablas que llevan protectores de goma en la punta; su función, más que proteger la propia tabla, es la de evitar daños al surfista o a otras personas.

Técnica

Las técnicas que vamos a describir en las próximas páginas servirán como base para conocer algunos de los aspectos de este deporte, las consideraciones previas y la forma de actuar en cada caso.

Independientemente de nuestro nivel deberemos ser capaces de determinar si las condiciones del lugar elegido son aptas para nosotros. Lo mejor siempre es informarse previamente mediante los boletines meteorológicos televisivos, radiofónicos, por la prensa, etc. Internet es un buen lugar para recabar información y contactar con otros surfistas.

Una vez en la playa, deberemos dedicar un buen rato a estudiar el mar. Recordemos que las olas tienen un ciclo, cuya duración puede variar y que la serie de olas grandes no debe sorprendernos en el agua sin conocer sus dimensiones.

Pasos previos

— Revisión a fondo de todo el equipo para verificar que disponemos de todo lo necesario y que se encuentra en perfecto estado.

— Proteger nuestra piel con crema solar.

— Calentar: Otro paso que no debemos pasar por alto es un calentamiento adecuado que garantice un estado óptimo y evite las desagradables y dolorosas lesiones. Unos 15 o 20 minutos serán suficientes.

Entrar en el agua

Antes de entrar comprobaremos que las condiciones (atmosféricas, del oleaje, ecétera.) de la zona no han cambiado, y seleccionaremos la mejor forma de acceder al pico seleccionado, o lo que es lo mismo, a la rompiente de ola en la que hayamos decidido surfear.

Nuestra intención es avanzar hasta situarnos en el lugar adecuado para acceder al pico de la ola. Para ello, y una vez en el agua, comenzaremos la remontada. Nos colocaremos sobre la tabla, tumbados boca abajo, y procederemos a remar. Pasar las olas por debajo será la opción más eficiente y la técnica conocida como «el pato», la más común. Consiste en sumergir la tabla frente a la ola y salir a flote justo detrás de ella.

La remada es similar al conocido estilo crol. Procuraremos llevar una frecuencia adecuada a cada momento, en principio un movimiento suave y lo más preciso posible. Mantendremos la cabeza levantada y la mirada hacia delante. Las manos se introducen en el agua a la altura de la punta y con los dedos unidos comienzan una brazada amplia y suave.

Nos colocaremos a la espera en una zona adecuada para coger las olas. Esperaremos sentados sobre la tabla para no gastar energías procurando percibir por medio de todos nuestros sentidos la llegada de la ola apropiada. No debemos coger la primera ola que llegue, si no hacer una selección de las mismas, esperando la mejor de cada serie.

En algún momento decidiremos que «ésa» es nuestra ola y nos aproximaremos a ella remando con los brazos para situarnos en el lugar donde suponemos que se va a formar la cresta. Tras colocarnos en el lugar donde pensamos que la ola se va a levantar, nos prepararemos en la posición adecuada y remaremos para cogerla. La remada para coger la ola es rápida e intensa con el objetivo de impedir que ésta nos pase por debajo y se nos escape. En cuanto notemos que el empuje es suficiente dejaremos de remar. Una vez que comience el deslizamiento nos enfrentamos a otra dificultad, ponernos de pie sobre la tabla.

Como con cualquier deporte, cada fase necesita de un aprendizaje que requiere esfuerzo, paciencia, perseverancia y mucho entrenamiento.

El deslizamiento comienza en el instante en que comenzamos a bajar por la pared de la ola y en dirección a su base. Ese instante se conoce como *take-off* (despegue) y durante esa fase será cuando debamos ponernos en pie sobre la tabla. El momento de hacerlo es cuando notemos una pequeña aceleración que indica que la ola nos empuja. Dejaremos de remar y apoyándonos en los brazos (no en los cantos) levantaremos el cuerpo de la tabla progresivamente con un impulso desde los brazos a las costillas y pasando por las caderas y rodillas.

Ya de pie sobre la tabla comienza el deslizamiento, lo que hasta hace muy poco era el objetivo del surf y que hoy en día es la base para la realización de todas la maniobras que se ejecutan en la pared de la ola. Se trata de una fase breve pero muy intensa que constituye el principal atractivo de este deporte.

Las maniobras son movimientos muy técnicos y espectaculares. Para realizarlas es necesario haber adquirido cierta experiencia y son la consecuencia de la práctica y el esfuerzo. Entre las simples encontramos el *bottom-turn*, el tubo, el *re-entry*, *floater*, *cutback*, aéreo, 360º y reverso.

El bodyboard

El bodyboard es un deporte que actualmente cuenta con multitud de practicantes pero que, de momento, no goza de la popularidad del surf, uno de sus parientes más cercanos. Si el surf tenía una larga tradición y una historia plagada de anécdotas y de referencias antiguas, no ocurre lo mismo con el bodyboard, pues se trata de uno de esos deportes de última hornada que tan solo cuenta con un pasado de unas pocas décadas.

Sin embargo, aunque se trate de un deporte nuevo no deja de ser una variante del surf que persigue unos objetivos muy similares y que, por lo tanto, cuenta con la misma raíz ancestral. Aunque su auge llegase mucho después que el del surf, su relación con él es clara y comparte con él los mismos orígenes.

A pesar de ello se puede ofrecer un nombre como responsable de este nuevo deporte. A un estudiante de matemáticas llamado Tom Morey, que cambió su residencia habitual por Hawai, es a quien se le considera el padre del bodyboard.

Equipo

Como en el caso del surf, el equipo del bodyboard está destinado a favorecer el desenvolvimiento del deportista en un medio ajeno al propio, como es el acuático, y aumentar su seguridad. La similitud entre ambos deportes hace que una parte muy importante del equipo sea común, existiendo tan sólo algunas variantes. La más clara de todas ellas es la diferencia de la tabla y sus complementos así como la inclusión de aletas en el equipo, innecesarias en el surf.

Sobre el traje ya se ha dicho todo lo necesario en el capítulo dedicado al equipo del surf. Los escarpines también se usan en el bodyboard. La elección de los escarpines va íntimamente ligada a la de las aletas. Los escarpines sin suela, similares a calcetines, se emplean en aletas calzables, mientras que los que poseen suela se utilizan

Ciertas maniobras sólo podrán lograrse cuando se tenga suficiente experiencia.

con aletas ajustables. Los materiales empleados son el neopreno y la lycra. Para aguas frías o para aquellas personas con las manos más sensibles a las bajas temperaturas se recomienda llevar guantes. Existen álgunos con una membrana entre los dedos que convierten nuestras manos en patas de pato facilitando la remada. El uso de la lycra y el casco son una cuestión muy personal. Un consejo para todos aquellos que usen la cabeza habitualmente en su vida ordinaria, es que no se olviden el casco, principalmente en playas de fondos de roca o en lugares con muchos deportistas y/o bañistas.

Las aletas son un elemento muy importante en la práctica de este deporte, ya que nos ayudarán a propulsarnos para tomar las olas.

La tabla, o *boogie*, es como en el caso del surf el elemento principal de este deporte y la búsqueda de la tabla perfecta es uno de los retos de los bodyboarders. En cuanto a las dimensiones de la tabla debemos saber que deben adaptarse a nuestra altura y a nuestro peso. Como norma seguiremos las indicaciones orientativas de los fabricantes, teniendo en cuenta que colocada verticalmente sobre la cola debe llegarnos aproximadamente al ombligo. Si por nuestra constitución pesamos más, deberemos optar por una tabla de mayor grosor que tiene también una mayor flotabilidad.

Cuanto menor sea su superficie la tabla será más maniobrable, menos estable en olas grandes y más lenta.

Por el contrario una tabla grande es más rápida en las olas pequeñas y más segura en las grandes pero también es menos maniobrable.

En el bodyboard también se utiliza el invento. Hay diferentes modelos, de los que se sujetan al brazo, a la muñeca o al tobillo con un cable recto o del tipo teléfono. También se usa el invento de aletas que se trata de unas simples cintas, normalmente de velcro, que sujetan las aletas al tobillo. Asimismo, es común el empleo de parafina para mejorar el agarre de las manos en la tabla y, en general, para no resbalar. En el bodyboard se va utilizando cada vez menos, pues los revestimientos del *deck* son cada vez más adherentes.

Técnica

El bodyboard es un deporte que permite disfrutar del deslizamiento sobre las olas casi desde el primer momento. Se trata además de una actividad que suele atraer a los más jóvenes, lo que unido a su aparente facilidad hace pensar que es un deporte infantil, que no requiere aprendizaje, que no ofrece dificultades y que no es necesario tomar ningún tipo de precauciones. Todo lo cual es mentira.

Aunque lo practique mucha gente joven es también una disciplina de deportistas más maduros y su práctica es una constante evolución en los niveles de dificultad hasta alcanzar una habilidad que nos permitirá maniobras aparentemente imposibles. Al ser el mar el medio en el que se desarrolla, las precauciones deben ser cuando menos las mismas que si se practica cualquier otro deporte acuático.

Hay diferentes estilos, el más conocido de los cuales es el *prone*, tumbado sobre la tabla, pero también hay otros como el *drop-knee*, también conocido como «torero» en el que se va arrodillado, o el *stand-up*, en el que como en el surf se va de pie. La elección de uno u otro estilo depende únicamente de preferencias personales pero va a influir en el equipo y en las técnicas necesarias para desarrollarlo convenientemente.

El *prone*, además del estilo más habitual, fue también la modalidad inicial en la práctica del bodyboard. El bodyboarder va tumbado boca abajo sobre el *boogie*, de forma que su centro de gravedad coincida con el de la tabla. Estas suelen tener el *nose* más ancho.

Pasos previos

En los pasos previos no debemos olvidar el análisis del lugar y la situa-

ción, la revisión del equipo y el calentamiento.

Entrar en el agua

Tras el análisis de las condiciones, seleccionaremos la mejor forma de acceder al pico seleccionado. Para evitar caminar con las aletas fuera del agua, nos las colocaremos ya en la orilla y posteriormente entraremos en el mar. Los pasos que debamos dar con ellas los daremos de espaldas o de lado lo que facilita el movimiento.

La remada en el bodyboard se compone de brazada y aleteo. Estos movimientos pueden ser independientes o combinarse entre sí. Nuestra posición sobre la tabla debe ser la adecuada para favorecer cualquiera de esos movimientos.

Para superar las olas podemos realizar la maniobra del pato que ya vimos en el surf. Las olas o espumas más pequeñas podemos tratar de superarlas por encima. De igual forma seleccionaremos un buen lugar donde esperar a las olas. La fase de espera se repetirá cada vez que tomemos una ola y regresemos a la ubicación para tomar la siguiente.

Para tomar la ola, lo mejor es emplear la remada combinada de brazos y piernas, pues en ese instante requeriremos velocidad. Comenzaremos el deslizamiento con el *take-off*, el momento posterior a la toma de la ola consiste en el deslizamiento desde su parte superior a la inferior mientras se gana velocidad. Como en el surf, el medio en el que se realizan las maniobras las distingue entre acuáticas y aéreas, siendo mixtas aquellas que se desarrollan en ambos medios. Las maniobras más conocidas son: el *bottom-turn*, *cut back*, 360, *reverse* 360º, tubo y rollo. También hay maniobras aéreas en las que el bodyboarder despega del agua impulsado por la propia ola, entre ellas destacan el aéreo proyectado, el invertido, el ARS o el *back flip*.

Tras las maniobras y siempre que nos mantengamos sobre el *boogie* llegará un momento en el que la ola perderá fuerza, deje de ser surfeable o deje de interesarnos.

GLOSARIO

• Aéreo: Maniobra que se realiza en el surf aprovechando la fuerza de la ola como impulso y su pared como rampa, para caer nuevamente sobre la pared o la espuma y seguir surfeando. En el bodyboard también hay maniobras aéreas.

• Arboladura: En una embarcación de vela (como una tabla de windsurf), se conoce como arboladura al conjunto de palos, vergas, botavara, botalón, picos y tangones de una embarcación y que son necesarios para suspender las velas en una posición determinada y permiten orientarlas en función de las necesidades.

• Arribar: Maniobra en la navegación a vela. Cambio de rumbo respecto al viento. Arribar o caer es colocar la plancha de forma que se desplace en dirección contraria al viento.

• Barlovento: Parte por donde viene el viento con respecto a un punto o lugar determinado.

• Driza: En el windsurf se conoce también como cabo de izar, ya que ésa es su función, levantar el mástil y la vela cuando se comienza a navegar o después de una caída.

• Orzar: Maniobra en la navegación a vela. Cambio de rumbo respecto al viento. Se conoce como orzar o subir a dirigir la plancha hacia el viento.

• Sotavento: La parte opuesta a aquella de donde viene el viento con respecto a un punto o lugar determinado.

• Spot: Lugar con condiciones óptimas para surfear.

MONTAÑISMO

El montañismo como deporte cuenta con poco más de 200 años, a pesar de que la relación del hombre con la montaña es mucho más antigua. A lo largo de esos años se ha producido una evolución constante de las técnicas, de los materiales y por descontado de los objetivos de los hombres que se enfrentaban a la montaña. Lo que no ha cambiado es la atracción magnética que las alturas y los paisajes de montaña han ejercido sobre el ser humano.

Coronar una cima proporciona una satisfacción difícil de explicar.

Dejando al margen algunas tentativas aisladas, motivadas por razones religiosas o militares, las primeras cimas suscitaron principalmente curiosidad, y las expediciones se organizaban por exploradores y científicos. Los estudiosos sitúan el nacimiento del espíritu deportivo en la ascensión al Mont Blanc, llevada a cabo por Horace-Bénédict de Saussu-re, en 1786. Muy pronto le sucedieron otros y lentamente la montaña comenzó a interesar a gente corriente que no buscaba más que su propia gratificación. Así surgen dos tipos de alpinismo: el de exploración y el deportivo, que conviven durante varios decenios.

El primero de ellos se extingue en los Alpes cuando ya se han escalado todas las cimas y se traslada a otros lugares del mundo. Pervive en el Himalaya hasta 1964, cuando se corona el Sisha Pangma, el último de los "ochomiles" en lucir la huella del hombre. El segundo de ellos, el alpinismo deportivo, no sufre ese inevitable declive y por el contrario crece y evoluciona.

El padre de este deporte es sin duda Alfred Frederik Mummery, de nacionalidad inglesa y que practicaba un alpinismo vital y competitivo y que introdujo lo que él llamó medios leales, sembrando la semilla de la ética deportiva del alpinismo.

Los avances en las técnicas, la progresión en cordada y los sistemas de aseguramiento permiten acceder a vías de mayor complicación. Aparecen nuevos materiales y elementos, tanto para la escalada (como los spits o los anclajes químicos) como en la alimentación o en la vestimenta (*goretex*, *fleece*...). El montañismo recibe la marea de aficionados que buscan emociones sin límite, y el retorno al deporte al aire libre que potencia el nacimiento de otros deportes de aventura y riesgo. La montaña ofrece multitud de posibilidades y surgen diversas especialidades.

La montaña ejerce una apasionante atracción sobre el hombre.

MEDIDAS DE SEGURIDAD

Incluir el montañismo entre los deportes de riesgo no es un capricho, todo alpinista se encontrará de una u otra manera en peligro. En primer lugar porque la actividad se desarrolla en plena naturaleza y en segundo lugar porque nuestra seguridad dependerá en gran medida de nosotros mismos. Principalmente se correrá peligro por falta de preparación o por imprudencia.

Las avalanchas, los desprendimientos, los rayos, etc, estarán siempre presentes pero, en cualquier caso, la experiencia y algunos conocimientos (como la climatología, la supervivencia, etc.) pueden reducir esos riesgos.

En cuanto al peligro derivado de nuestra actitud y entrenamiento, las cosas han cambiado mucho desde los inicios de el alpinismo hasta nuestros días. Las vías más peligrosas solo son aptas para profesionales, y su experiencia reduce el riesgo. La mejora y constante evolución de los materiales redunda en la seguridad de los deportistas.

A pesar de todo ello los riesgos siguen estando ahí y de alguna manera forman parte de esta actividad. El montañero debe aceptar esos peligros y prepararse y equiparse para evitarlos, pero siendo consciente en todo momento que permanecen latentes. Eso proporciona la emoción que hace del alpinismo algo único y permite al deportista mantener la concentración y la atención.

Solo mediante un entrenamiento y preparación adecuados y mediante el uso del equipo específico podremos enfrentarnos a la montaña, siempre valorando la situación presente y las condiciones (personales, climatológicas y de todo tipo) que pueden aumentar el factor de riesgo de esta actividad.

Equipo

La montaña tiene muchas facetas y para cada una de ellas precisaremos un tipo diferente de calzado. Para las aproximaciones y caminatas emplearemos botas de montaña, con o sin crampones; para la escalada deportiva lo mejor serán los pies de gato.

El calzado

Botas: Deben de resultarnos cómodas con calcetines gruesos y en ocasiones varios pares a la vez. Con las botas puestas deberíamos poder mover los dedos sin que el pie se desplace por su interior. Si nos aprietan demasiado pueden dificultar la circulación sanguínea y propiciar la congelación de los pies. Las botas deben estar preparadas para soportar todo tipo de inclemencias y los más duros terrenos. Para que nos protejan y nos permitan caminar sobre suelo nevado o helado y sobre las laderas pedregosas deberán también ser rígidas, pero no tanto que hagan imposible utilizarlas en terrenos menos duros. Los tobillos requieren que el cuello de la bota sea lo bastante alto como para arroparlos y protegerlos de las torceduras. Pero las botas a la vez tienen que ser flexibles para permitirnos utilizar los crampones por ejemplo. La suela debe agarrarse bien a todos los terrenos. La parte superior debe ser lo bastante abierta como para poder calzárnoslas sin problemas, aunque se encuentren mojadas.

Calcetines: Los calcetines nos aíslan del frío, pero además reducen el rozamiento con la propia bota, absorben el sudor y sirven como colchón para nuestro principal vehículo en la naturaleza: nuestros pies. Los calcetines deben estar siempre secos y ser los apropiados para cada ocasión. Con las botas de montaña es aconsejable llevar sobre la piel unos calcetines finos de tejido liso y sin costuras. Sobre ellos llevaremos unos más gruesos. Un calcetín fino de algodón y uno grueso de lana será la mejor opción. Debemos evitar los de nylon o cualquier otro material sintético.

La ropa:

La indumentaria del montañero será uno de los factores más importantes para asegurar su buen estado en todo momento. Uno de los mayores peligros de la montaña es la hipotermia, es decir, un descenso generalizado de la temperatura corporal, que de prolongarse puede conducir a la muerte.

Nuestro cuerpo debe estar resguardado de las inclemencias atmosféricas, ya sea a bajas o a altas temperaturas: El sol excesivo, el frío, la lluvia o el viento. Las manos, los pies y la cabeza requerirán una mayor protección. Además, independientemente de la estación,

deberemos llevar en la mochila prendas apropiadas en previsión de cambios climáticos. En el capítulo dedicado al senderismo se realizará un breve repaso sobre la forma correcta de vestirse en la montaña.

Material de acampada y transporte: Para dedicar el espacio necesario a las técnicas y el equipo específico de montaña pasaremos por alto el material de acampada como mochilas, tiendas de campaña, sacos de dormir, esterillas aislantes y colchonetas, etc., de las que se habla en la *Enciclopedia del deportista en la naturaleza* de esta misma colección.

Las cuerdas

Las fibras artificiales son las más utilizadas hoy en día por sus mejores prestaciones. Son más ligeras, menos voluminosas, no se pudren y tienen una gran resistencia a la tracción, a la abrasión y a los efectos del agua o la luz solar, así como a los productos químicos. Las más utilizadas son el nylon, el polipropileno o el kevlar, entre otras. Las cuerdas de montaña son cuerdas compuestas en las que encontramos dos partes bien diferenciadas, el alma y la camisa. La camisa es una funda que protege a la segunda parte, el alma, que es la parte interior formada por hilillos muy finos. La camisa no solo realiza una función de protección del alma, sino que supone además un tercio de la resistencia total de la cuerda, siendo en el alma donde residen los dos tercios restantes, aproximadamente.

Hay que distinguir entre cuerdas dinámicas y estáticas. Las primeras se utilizan principalmente en escalada, son muy elásticas pues deben amortiguar la parada en una posible caída. Las cuerdas estáticas, o semiestáticas, también flexibles, pero mucho menos que las anteriores, son más seguras en la progresión y capaces también de frenar al deportista en caso de producirse una caída. Se utilizan en deportes como la espeleología y el descenso de barrancos.

Las cintas se utilizan principalmente en los deportes de montaña y pueden ser planas o tubulares. Al tener una mayor superficie de contacto y ser más flexibles que las cuerdas, las cintas retienen muy bien los nudos. Se utilizan en la confección de arneses por ejemplo. En las cintas deben utilizarse unos nudos específicos y no otros.

Complementos

Piolet: El piolet es uno de los instrumentos más útiles para los amantes de la montaña. Su función principal la desempeña en terrenos nevados donde se convierte en un valioso aliado asegurando de diversas formas el desplazamiento del deportista.

Varios: Linternas, gafas de sol, cantimploras, mapas y brújulas, botiquín, navajas, son complementos que no deben faltar en la mochila de un montañero y de los que ya se ha hablado o se hablará a lo largo de este libro.

LLENAR LA MOCHILA

El equipo y la comida debe repartirse con un orden específico. Las cosas pesadas deben colocarse en la parte de abajo, cuanto más ligeras más arriba, el saco puede ir fuera, sujeto con la misma tapa de la mochila, teniendo la precaución de meterlo en una bolsa impermeable. Se debe tener cuidado de no dejar los objetos duros o con aristas en la parte que va contra la espalda. Aunque al principio no moleste mucho, después de unos kilómetros no podremos continuar y tendremos que hacer una parada para arreglar lo que podía estar bien puesto desde el principio. Los objetos que cuelguen por fuera sólo son una molestia.

Técnica

Mientras sus compañeros escalan los aseguradores velan por su seguridad.

Para dedicar el suficiente espacio a algunas técnicas de progresión pasaremos por alto algunas materias de las que debemos tener los suficientes conocimientos como para desenvolvernos con soltura en la montaña. Entre ellas destacan la climatología, la supervivencia, la orientación, la forma correcta y más efectiva de realizar señales de auxilio o el conocimiento de los nudos. De todas ellas se trata con mayor profundidad en *Enciclopedia del deportista en la naturaleza* y la *Enciclopedia de los Nudos* de esta misma colección. Tampoco entraremos a analizar las técnicas concretas para cada terreno, realizando únicamente un repaso de algunas técnicas básicas, que sirvan como introducción a este apasionante deporte.

Aseguramiento

Cuando la progresión por la montaña se hace especialmente dificultosa y existe el riesgo de una caída, es necesario el concurso de las cuerdas y otros elementos para garantizar la seguridad de los deportistas, con lo que el montañismo se especializa en alpinismo.

El asegurador es un escalador que permanece inmóvil en un lugar y posición seguros y se encarga de manejar la cuerda, proporcionándosela al otro miembro del equipo que escala y garantizando, mediante la técnica adecuada, su seguridad en caso de caída. Ante una eventual caída el asegurador debe tensar la cuerda y sujetar a su compañero. Para poder llevar a cabo su misión debe contar con unos conocimientos y una experiencia, además de una buena posición y un anclaje adecuado.

El escalador que avanza en primer lugar, a pesar de contar con el aseguramiento de su compañero, debe progresar extremando las precauciones pues en caso de caer recorrerá unos cuantos metros antes de que la cuerda le frene. El que le sigue puede arriesgar más ya que contará con el aseguramiento del compañero que le precede

NUDOS

• **Nudo de pescador:** Es uno de los nudos más conocidos entre montañeros. Se emplea para unir dos cabos de igual sección y pequeño diámetro. Se trata de un nudo seguro y resistente para las aplicaciones convencionales. Puede azocarse pero se deshace con facilidad.

• **Gaza en ocho:** La gaza en ocho u ocho doble es uno de los nudos más utilizados en escalada, empleándose para encordar escaladores, para lo que se coloca directamente sobre el arnés o bien mediante un mosquetón. Se trata de una gaza muy segura y fuerte, aunque se realice sobre cabos poco flexibles, y además muy sencilla de realizar y de comprobar.

• **Nudo de mariposa:** Es un nudo empleado por escaladores y montañeros, principalmente para el aseguramiento en las travesías de montaña. Por su simetría se mantiene en perfecto estado ante cualquier situación ofreciendo, por lo tanto, gran seguridad.

• **Ballestrinque sobre mosquetón:** Permite, por ejemplo, regular la longitud de la cuerda entre el escalador y las clavijas que se colocan como soporte de la cuerda entre las rocas.

• **Nudo Prusik:** Permite subir por una cuerda colocando en ella dos de estos nudos y alternando su peso sobre ellos. El prusik es un nudo autoblocante que se desliza libremente por la cuerda hasta que se carga peso lateral sobre él. Este nudo debe hacerse siempre con cordino de un diámetro inferior a la cuerda por la que se quiere subir.

• **Nudo dinámico:** El nudo dinámico es tremendamente útil en alpinismo permitiendo a un escalador asegurar a un compañero. En caso de producirse una caída del escalador que va en cabeza el nudo bloquea la cuerda mientras que durante la escalada permite al que asegura ir proporcionando cuerda.

El escalador que marcha en cabeza debe ser el más experimentado y hábil, lo que reducirá los riesgos para todos los componentes de la cordada.

Por regla general lo ideal son las cordadas de dos personas, principalmente en escalada sobre roca, donde una pareja de escaladores se mostrará más eficaz y rápida. Si el grupo de escaladores es impar será inevitable que la cordada sea de tres, cordada que resulta recomendable en recorridos moderados de glaciar. Un número mayor de escaladores en la cordada avanza lentamente y resulta peligroso.

El orden de la cordada es también muy importante. La principal responsabilidad recae sobre el que marcha en cabeza por lo que será el puesto adecuado para el que cuente con mayor experiencia. El segundo de la cordada tendrá como misión proporcionar un seguro firme para su compañero que hace de guía. En el caso de que exista un tercer escalador deberá llevar la mochila más pesada.

Antes de pasar a los detalles de un aseguramiento debemos saber que éste es una cadena y como reza el dicho «una cadena es tan resistente como su eslabón más débil». Los eslabones de la cadena del aseguramiento son: el anclaje; el método que empleamos para asegurarnos al anclaje; la posición que adoptemos, nuestra capacidad y experiencia, nuestras manos y cualquier otro sistema de control de la cuerda; la propia cuerda; los puntos intermedios de protección; la sujeción de la cuerda al escalador, mediante un nudo al arnés; y por último el cuerpo del escalador.

Aseguramiento de cadera

En el seguro de cadera la cuerda pasa alrededor de la cintura del asegurador que la aguanta con una de sus manos mientras que la otra le sirve para sentir la evolución y necesidades de su compañero. El asegurador, que debe llevar guantes, proporciona o recoge la cuerda en función de las particularidades de cada momento y se mantiene siempre alerta por si se produjese una caída.

El escalador no debe verse nunca retenido por el asegurador, por lo que

y por lo tanto una caída no supondrá más que la pérdida momentánea de los agarres.

La labor de ambos es vital. El primero garantiza una ruta segura para los que le sigan, mientras que el asegurador evita que, en caso de accidente, el que avanza en cabeza sufra consecuencias graves. La prudencia en este deporte es fundamental y por ello las caídas no son algo frecuente. La tarea del asegurador puede resultar

monótona pero no se puede descuidar ni un solo instante pues de él depende la vida de su compañero.

Sin los anclajes adecuados una cuerda no es garantía de seguridad. Cuando el terreno exige avanzar asegurado la progresión se va dividiendo en tramos de cuerda que señalan la distancia de una posición de seguro y la siguiente. Para avanzar correctamente se suele emplear la longitud de la cuerda como tramo.

debe contar siempre con suficiente cuerda. Por su parte, el asegurador debe permanecer pendiente de los movimientos o peticiones de su compañero para asegurar su posición sin por ello entorpecer sus movimientos. El asegurador debe sincronizar sus movimientos con los del que escala lo que requiere cierta práctica.

Actualmente el aseguramiento de cadera ha caído en desuso, reemplazado por los modernos aparatos que, mediante el rozamiento sobre su estructura, permiten controlar la cuerda con una sola mano y casi sin esfuerzo. Hasta hace bien poco se utilizaba el conocido ocho, pero hoy en día se emplean aparatos como el grigri. En cualquier caso conviene conocer las anteriores técnicas pues, a pesar de todo, lo básico sigue estando vigente y lo único que cambia es la introducción de los arneses y los sistemas de frenado mediante los aparatos.

Si se produce una caída: Como ya se ha dicho las caídas no son frecuentes pero se producen inevitablemente más tarde o más temprano. El escalador debe tratar de avisar cuanto antes de su situación precaria y dar el grito de alarma con la máxima antelación. Además y como es lógico tratará de forma instintiva de agarrarse a todo cuanto tenga a mano, salientes de la roca, vegetación, etc.

Es el momento del asegurador. Hasta ese instante solo había constituido un seguro para el que avanzaba en cabeza, pero ahora la vida de su compañero está en sus manos. En el momento en que escucha la voz de alarma o ve que el escalador cae debe adoptar la postura de bloqueo rodeando su cintura con la cuerda –mediante el grigri el bloqueo es automático– sirviéndose de la mano de frenaje y afianzándose a su posición mediante la mano que siente.

El roce de la cuerda sobre el cuerpo del asegurador hace que el deslizamiento de la misma se reduzca hasta que pueda ser manejado con una sola mano sin problemas. En ese momento se agradecerán los guantes que protegerán las manos del asegurador de la fricción

Grigri.

Algunas vías de escalada se equipan con anclajes artificiales.

de la cuerda, que puede quemarlas literalmente.

La elasticidad de las cuerdas y el frenado gradual del escalador hacen que esta operación se produzca de forma correcta. Un frenazo brusco de una caída podría resultar fatal para el escalador. Antes de pararse por completo la cuerda se desliza durante unos instantes en lo que se conoce como un aseguramiento dinámico. Sin embargo tampoco debe ser demasiado largo pues el escalador podría golpearse contra un saliente o contra una plataforma antes de recibir la ayuda del asegurador.

Anclajes

Es fundamental que el asegurador cuente con un anclaje seguro pues de otro modo toda su labor puede no resultar efectiva. Un anclaje que no proporcione la suficiente seguridad debe ser desestimado. Debemos buscar anclajes capaces no solo de soportar nuestro peso, sino la fuerza de una caída. En determinadas circunstancias todo puede depender de un anclaje por lo que su importancia es vital.

Los más seguros son sin duda los anclajes naturales, como rocas apropiadas o árboles, pero no se puede escalar únicamente confiando en la posibilidad de que encontraremos anclajes naturales, por lo que es necesario contar con una serie de elementos (clavos, fisureros, friends) que nos permitirán instalar anclajes artificiales.

Para aumentar la fiabilidad de un seguro es conveniente instalar, al menos, dos anclajes por seguro. Los anclajes se deben colocar en línea con la fuerza que recibiría el conjunto en caso de un tirón. El asegurador debe encontrarse lo más próximo posible al punto de anclaje. En aquellos lugares donde se practica con frecuencia la escalada es posible encontrar rutas de escalada que cuentan con una instalación completa

En la pared dependeremos de nuestra habilidad, pero también de nuestros compañeros.

de anclajes artificiales que permiten acometerla.

La posición del asegurador no está desprovista de riesgos. En primer lugar no tiene libertad de movimientos y por la progresión de su compañero puede verse expuesto a la caída de rocas. Por lo tanto, y ante esa posibilidad, el asegurador debe colocarse en un lugar seguro, protegido por un extraplomo por ejemplo, mientras que el escalador tratará en todo momento de mantener la cuerda lejos de rocas sueltas.

La posición de seguro, es decir, el lugar elegido para el asegurador y su postura para hacer frente a un posible problema, debe garantizar en todo momento la labor efectiva del asegurador. Debe ser un lugar que cuente con un anclaje adecuado y que facilite una postura correcta y cómoda. La posición ideal es permanecer sentado con las piernas separadas y los pies afianzados contra algún saliente de forma que se pueda hacer frente a una fuerza opuesta. La cuerda debe pasar entre las piernas y en caso de producirse una caída el tirón no debería proceder de un ángulo que se encuentre fuera de la zona segura.

Qué hacer tras una caída

Si todo se ha hecho correctamente, el escalador cuelga de la cuerda mientras que el asegurador sujeta su peso. Si el escalador se encuentra bien, puede por sus propios medios alcanzar una posición segura para recuperarse o retomar la escalada. Si está herido, inconsciente o precisa de la ayuda del asegurador la cosa cambia.

El asegurador deberá rescatar a su compañero para lo que utilizará uno de los nudos que ya hemos visto en este capítulo: el prusik. Este nudo nos permitirá liberar el peso de la cuerda para poder trabajar. Una vez que el asegurador puede moverse libremente se sustituye el prusik por un seguro más fiable y se procede como corresponda, rescatando a nuestro compañero y ayudándole en todo lo necesario o buscando ayuda.

El rápel

Es un sistema de descenso por las cuerdas que permite a los escaladores realizar una progresión segura y controlada. Para ello, actualmente, se emplean sistemas de frenaje como por ejemplo el conocido como "ocho" que mediante el rozamiento de la cuerda por sus estructura hace posible mantener la velocidad de bajada deseada en cada momento.

Un rápel realizado con corrección es seguro pero a pesar de ello supone uno de los momentos de máximo riesgo, pues el escalador debe confiarse por completo a los anclajes, las cuerdas, los sistemas de frenaje y los arneses. Cada uno de esos elementos debe permanecer en su lugar y no sufrir ningún fallo pues de ellos depende la vida del deportista. Es, por lo tanto, fundamental revisar cada elemento de ese equipo a conciencia y colocar los anclajes con la necesaria prudencia y eficacia. Ante la falta de un anclaje adecuado nos veremos en la obligación de realizar el descenso por otro sistema.

Los anclajes en el rápel

Lo primero que precisaremos será un anclaje seguro al que fijar la cuerda. La cuerda debe colocarse doble para poder recuperarla más tarde tirando de uno de sus extremos. A menos que se tomen precauciones para ello nunca se debe colgar el peso de una sola cuerda, pues esta se deslizaría.

Es conveniente colocar un anclaje principal y al menos uno secundario. Para que ambos resulten efectivos se debe segur ciertas normas. Cada anclaje debe ser independiente de forma que si alguno saltase el siguiente pueda aguantar el peso. Un anclaje en «Y» suele ser muy efectivo y reparte el peso total entre ambos brazos.

Existen varios sistemas para realizar el descenso. Entre ellos el más

ALGUNAS CONSIDERACIONES SOBRE SEGURIDAD

Para mayor seguridad se suele realizar un nudo de tope al final de la cuerda para evitar que accidentalmente lleguemos al final sin darnos cuenta. Principalmente en las zonas donde la pared desaparece y el rápel es volado, es posible que si no prestamos la suficiente atención la ropa, el pelo, el cordón de las gafas, la correa del casco o cualquier otro elemento quede atrapado en el descensor bloqueando el descenso. Ante esta situación, y sin soltar bajo ningún concepto la mano de frenaje, trataremos de solucionar el problema. Una navaja con sierra nos será de gran ayuda en ese caso. Para evitar este problema lo mejor es echar el cuerpo ligeramente hacia atrás en esas zonas.

Una persona desde abajo puede detener el descenso tirando de la cuerda, con lo que ésta se tensa y aumenta el rozamiento sobre el descensor.

Algunas cuerdas cambian de color en su mitad, de forma que al colocarlas se sabe exactamente que se dispone de la máxima longitud de la cuerda en doble y se evitan situaciones desagradables. En el caso de que la cuerda sea uniforme se puede colocar una marca en su centro.

conocido y famoso quizás sea el ocho pero no es el único. Para simplificar las siguientes explicaciones supondremos un descenso en rápel usando el ocho.

El escalador que desciende en rápel debe emplear un arnés. No basta con pasarse una cinta por la cintura pues podría presionar el diafragma y conducir a un desmayo. La cuerda, al pasar por el ocho, produce el suficiente rozamiento para que el descenso pueda ser controlado con una sola mano y sin ejercer mucha fuerza, pero la mano de frenaje no debe soltarse jamás, por lo que un desmayo puede ser fatal.

El momento más delicado suele ser siempre el comienzo. No dudaremos en sentarnos para adoptar la posición correcta de la forma más cómoda. Sujetaremos firmemente la cuerda con la mano de frenaje. Lo mejor es colocar los pies en una posición segura y dejar caer el cuerpo hacia atrás hasta que las piernas formen un ángulo de 90° con la pared, mientras que el cuerpo permanece casi perpendicular a la misma. Las piernas se mantienen ligeramente flexionadas a lo largo de todo el descenso y separadas, para mantener una posición estable y cómoda sobre la pared.

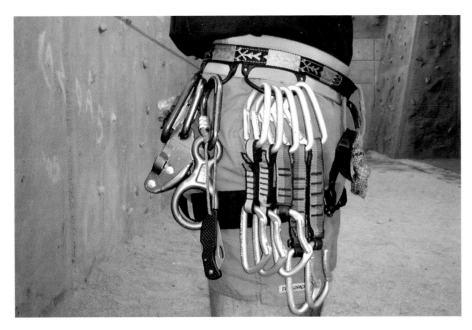

Una navaja con hoja de sierra puede ser muy útil en determinados casos.

GLOSARIO

• Alma: parte interna de las cuerdas cubierta por la camisa.

• Anclaje: el anclaje es un punto sólido y seguro de unión con la montaña.

• Azocamiento: propiedad de los nudos consistente en apretarse en exceso.

ESPELEOLOGÍA

El hombre, desde sus comienzos, ha estado ligado a las cuevas, que utilizaba como refugio, aunque la espeleología como tal es una actividad bastante moderna. Pese a que hay referencias anteriores no sería hasta mediados del siglo XX cuando se descubren las posibilidades turísticas de las cuevas, con lo que sus maravillas llegarían al alcance del gran público.

El interés por las mismas va en aumento gracias a las alabanzas de hombres como Víctor Balaguer o Lord Byron, que maravillados por las bellezas subterráneas, plasmaron sus impresiones y transmitieron su entusiasmo al resto del mundo.

Antes solo unos pocos científicos se interesaron por las cavernas. En la segunda mitad del siglo XIX, al impulso de la ciencia, la curiosidad o la aventura se suman otros intereses, como la necesidad de encontrar agua para la ciudad de Trieste, que empuja a hombres como Lindner o Svetina a descender a la gruta de Trebiciano. A pesar de no conseguir su propósito, sus intentos motivan a otros a seguirles. Es el caso de Alfred Martel, que dio los primeros pasos de lo que hoy se considera la espeleología moderna y abrió un camino para las siguientes generaciones.

Algunos de sus discípulos como Robert de Joly o Norbert Casteret son nombres destacados en la historia de este deporte, pero no serán los únicos, pues muy pronto surgen hombres como Chevalier, Trombe, Loubens, Cossins...

Sin embargo, son los nuevos materiales que se utilizan ahora los que hacen posible que la espeleología camine a grandes pasos desde entonces. Los equipos no solo se hacen más ligeros, sino también más funcionales. La espeleología se convierte en un deporte de gran atractivo apto para todo el que quiera practicarlo. Se han minimizado los costes, los esfuerzos y el riesgo, y ya estamos en disposición de aprovechar al máximo las posibilidades casi infinitas que nos brinda el subsuelo, con numerosas cuevas y simas a nuestro alcance.

Durante miles de años el agua va labrando mágicos caminos secretos, ocultos bajo toneladas de roca caliza. Son paraísos que sólo se desvelan a los espeleólogos.

Las cuevas

Las cavernas son particularmente sensibles a cualquier alteración, la más mínima acción incorrecta por nuestra parte, puede acabar con un proceso que lleva produciéndose miles de años. El trabajo de siglos de la naturaleza puede ser destruido en un instante por un error o por falta de respeto.

La formación de las cavernas es un lento proceso que dura aproximadamente un millón de años, desde su formación hasta su hundimiento. Todo comienza cuando el agua del exterior se va filtrando por grietas, o diaclasas. Lo que al principio es simple agua, se transforma en ácido carbónico al mezclarse con el anhídrido carbónico del aire. Es un ácido suave que se intensifica al mezclarse en el suelo con los ácidos producidos por las raíces de los vegetales y del material en descomposición o humus. Tras eso tiene la capacidad de disolver pacientemente la roca en un proceso de corrosión que va abriendo lentamente un camino, ampliando poco a poco las hendiduras iniciales. A esta fuerza se suma la de la erosión, que acelera el proceso de formación de la caverna. El agua en su camino arrastra consigo partículas minerales que desgastan las paredes y poco a poco van labrando y ampliando las cavidades. Las cuevas son únicamente la parte de las redes cársticas accesibles para el hombre y constituyen un 3% del total.

FORMACIONES

Son una parte mágica de las cavernas. Formas caprichosas que la naturaleza y el tiempo labran con paciencia. Además de las estalactitas, que cuelgan de los techos y las estalagmitas, también podemos encontrar: las helictitas, las antoditas, las coladas, los espeleotemas epifreáticos, los corales, los discos, las geysermitas, las tobas o travertinos...

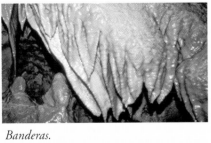

Banderas.

Columnas.

Estalactita.

Excéntricas.

Gours.

Perlas o pisolitas.

Equipo

Como todo deporte, la espeleología requiere un equipo especializado, que nos permita evolucionar, por ese particular medio, con seguridad y comodidad. Las condiciones de humedad y temperatura, la perpetua falta de luz y la conformación de los distintos escenarios que podremos encontrar bajo tierra, condicionarán todos los elementos de ese equipo.

El casco

El casco no sólo nos librará del impacto de posibles desprendimientos, sino principalmente de golpes contra los techos, muy frecuentes debido a los bruscos cambios de altura, las formaciones, las posturas y los juegos de luces y sombras que pueden engañar nuestros sentidos.

Suelen estar fabricados en materiales como fibra de vidrio, termoplásticos o resinas de poliéster. Son ligeros, compactos y están bien ventilados. Cuentan con un buen sistema de sujección que, además de ajustarlo correctamente, es cómodo. Si está homologado por la U.I.A.A. será señal de que ha superado las pruebas necesarias y ofrece todas la garantías posibles. El casco será además el soporte donde irán fijados los sistemas de iluminación.

Los sistemas de iluminación

La iluminación de acetileno proporciona una luz mucho mejor que la de una simple linterna. Lo ideal, sin embargo, es combinar ambos sistemas, de forma que tengamos una luz

de emergencia que nos permita continuar la marcha ante una avería de la iluminación de gas. Ambos proveedores de luz deben permitirnos evolucionar por la cueva con las manos libres, por lo que deben ir fijados al casco.

La luz de acetileno proviene de la llama generada por el carburero, que es un sistema de iluminación químico que funciona con piedras de carburo cálcico y agua. Cuando el carburo entra en contacto con el agua produce gas acetileno, que es inflamable en presencia del oxígeno. Los carbureros pueden ser de goteo, de autopresión o de bombeo, dependiendo del sistema empleado para que el agua entre en contacto con el carburo. Una sola carga, puede proporcionar entre 5 y 6 horas de luz.

Desde el carburero, que llevaremos en la cintura, hasta el frontal que tenemos en el casco, el gas acetileno viaja por un tubo de goma. Cuando el gas llega hasta el frontal sale a través de la boquilla, donde una vez encendido produce la luz. Los nuevos modelos de frontal incorporan un encendedor piezoeléctrico, que produce una chispa con un simple giro, inflamando el gas. El foco eléctrico suele colocarse más abajo y protegido.

No estará de más llevar también algunos bastones de luz química. Estos bastones producen luz fosforescente al doblarse y mezclarse en su interior sus componentes químicos. Pueden producir luz durante un periodo de hasta doce horas, son pequeños, muy ligeros y además son sumergibles. Cuando la luz es vital, nada está de más.

La ropa

En el interior de una cueva la humedad y la temperatura siempre son constantes. Existe ropa interior especialmente pensada para la práctica de la espeleología que tiene la facultad de mantener nuestra temperatura, pesar muy poco, ser hidrófuga y lavarse fácilmente. Las más habituales, de una sola pieza, están confeccionadas con tejidos sintéticos.

La ropa exterior responde a otra función, que es la de protegernos de las agresiones del medio, por lo que debe ser resistente y cómoda. Si queremos el lote completo, que sea impermeable y permita la transpiración, deberemos pensar en prendas específicamente pensadas para esta actividad.

Mejor que las uniones estén soldadas. Los cierres mejor que sean de cremallera o velcro. El tejido, además de resistente, debe ser flexible y cómodo. La prenda debe quedarnos holgada, de forma que nos permita movernos con completa libertad. Si posee varios bol-

sillos, mejor, muy pronto les encontraremos una utilidad, al menos debería tener uno. Los colores brillantes facilitarán nuestra localización en la cueva en caso de emergencia y servirán de contraste en las fotografías.

Otras prendas y las botas

Es recomendable llevar unos guantes. Unos simples guantes de fregar pueden valer, son cómodos, pero tienen la desventaja de ser muy frágiles. Con unos más gruesos de PVC evitaremos ese problema. Acostumbrarse a ellos es solo una cuestión de tiempo y una vez que lo hagamos saldremos ganando.

Si nos vemos obligados a caminar por el agua agradeceremos unos escarpines de neopreno, que mantendrán

nuestros pies calientes. Las botas de goma, que en cualquier otra actividad deportiva pueden resultar sumamente incómodas, encuentran en este deporte su lugar.

Para el agua

Si cuando avanzamos por una cueva nos encontramos con un cauce activo o zonas inundadas, deberemos evitar mojarnos, y en caso de que debamos hacerlo, iremos provistos de un traje de neopreno. No olvidemos las condiciones que hay en el interior de las cavernas, la humedad y la temperatura pueden hacernos pasar un mal rato si vamos mojados. El traje de neopreno o el pontonnière, son dos prendas que nos permitirán enfrentarnos al agua sin problemas.

Lo mejor es que su grosor no sea superior a los 5 mm, pues mientras no estemos en el agua movernos con él será un engorro. Los neoprenos son prendas algo caras que no deben rozarse con las piedras, para ello deberemos llevar encima el mono, de forma que lo proteja.

El pontonnière es una funda de látex que impide el paso del agua. Para el cuerpo completo se añade al conjunto un cagoule del mismo material, consiguiendo un traje casi impermeable. Este material es mucho más delicado, por lo que es más fácil que se dañe y hay que tener más cuidado.

EQUIPO DE PROGRESIÓN VERTICAL

A medida que vayamos buscando mayores emociones y retos nos enfrentaremos con pasos que requieren un equipo específico para franquearlos y unos conocimientos sobre seguridad y uso de ese equipo. Sobre todo en el uso del equipo que se detalla a continuación es fundamental la supervisión de un experto.

Mosquetones.

Puño de ascensión.

- El arnés.
- Los mosquetones.
- Maillones.
- Bloqueadores y descensores.
- Rack y el rateliel.
- Cuerdas: Generalmente se utilizan cuerdas estáticas, o semiestáticas. Los grosores más habitualmente empleados son las de 9 y 11 mm.
- Escalas: Actualmente se fabrican con cables de acero y peldaños de duraluminio o fibras artificiales.
- Las escalas tienen una resistencia de entre 400 y 1.100 kilos. Elementos de anclaje y equipo de instalación.
- «Spits», unos tacos autoperforantes y las placas de anclaje, que nos permitirán enganchar en ellas los mosquetones o las cuerdas.
- La baga de anclaje: Es un instrumento que podemos confeccionar nosotros mismos con unos tres metros de cuerda dinámica de al menos 9 mm. y un par de mosquetones. Nos permitirán sujetarnos a cualquier punto fijo, mientras realizamos alguna operación.
- Bolsas impermeable, fundas, botes.

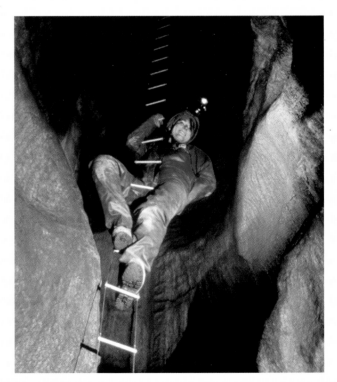

Escala.

Técnica

La técnica nos permitirá disfrutar al máximo de la experiencia y obtener de ella todo lo que pretendemos, a la vez que evitamos realizar esfuerzos inútiles y avanzamos cómodamente y con seguridad.

Lo primero que debemos tener en cuenta es que siempre que tengamos la intención de visitar una cueva debemos avisar a nuestros familiares del lugar exacto en el que vamos a estar y del tiempo aproximado que pretendemos pasar en el interior de la cavidad. Conocer la cueva en la que pensamos entrar será de gran ayuda por lo que la estudiaremos previamente con la colaboración de la documentación topográfica específica.

Progresión en cavidades horizontales

En los comienzos será mas seguro y sencillo adentrarnos en cavidades horizontales, que requieren menos técnica y equipo y nos ofrecerán todos los ingredientes básicos de la exploración espeleológica. Cuando nos desplacemos por una galería, sobre todo si vamos un grupo numeroso, procuraremos tener en cuenta dos factores, nuestra seguridad y la protección del entorno.

En las grandes salas caminaremos más seguros si lo hacemos pegados a las paredes, pues allí es menor el riesgo de caída de piedras. Cuando caminemos entre bloques deberemos tener especial cuidado. En cualquier situación donde sea posible caerse no dudaremos en avanzar casi a cuatro patas empleando las manos como apoyo y anticipando un par de movimientos por si cediera de alguna forma el suelo que pisamos.

En los lugares estrechos, donde nuestra postura no sea vertical, si debemos saltar o hay corrientes de aire, llevaremos encendida la luz eléctrica.

Frente a pasos estrechos, gateras, laminadores y meandros, jamás entraremos con la cabeza por delante. Así protegeremos nuestra cabeza y además será más sencillo retroceder. Los meandros es mejor pasarlos en oposición, o lo que es lo mismo, con los brazos y las piernas formando una «X», a media altura, evitando la parte inferior que suele ser más estrecha y donde podemos quedar encajados.

Si nos enfrentamos a un paso particularmente estrecho usaremos nue-

Superando un paso en oposición.

vamente la técnica de la tranquilidad. Con serenidad y perseverancia podremos hacer que nuestro cuerpo pase por lugares aparentemente infranqueables para un ser humano. En ocasiones deberemos desprendernos del casco para atravesar algunos de ellos, e incluso soltar el aire de nuestros pulmones para poder deslizarnos por los más angostos.

Como norma, si pasan nuestros hombros, pasará el resto del cuerpo. Con los dos brazos por delante, nuestros hombros tendrán mayor anchura y además estaremos en peores condiciones para ayudarnos con la manos. Es mejor pasar un brazo por delante y el otro por detrás y pegado al cuerpo. Luego serán las piernas las que nos empujen hasta conseguir salir.

En los pasos estrechos pasaremos con un brazo por delante y el otro por detrás.

Si las gateras tienen cambios de dirección, deberemos probar todas las posturas posibles antes de darnos por vencidos. Algunas nos obligarán a girar una y otra vez sobre nosotros mismos, por lo que reciben nombres como «paso del sacacorchos» o «del tornillo».

Progresión en cavidades verticales

En estas cavidades deberemos bajar o subir por pozos y chimeneas, atravesar todo tipo de desniveles y deberemos superar cada obstáculo por medio de las técnicas apropiadas que nos permitan movernos con seguridad. Explicar esas técnicas con detalle excede las pretensiones de este libro por lo que solo las veremos fugazmente.

La escala: El uso de la escala se limita casi siempre a cavidades horizontales con algunos desniveles o bien a aquellas en las que no merece la pena cargar con excesivo equipo individual. En cualquier caso con la escala es necesario asegurarse mediante una cuerda dinámica, en previsión de accidentes.

Técnica solo cuerda:

• El descenso: Lo primero que debemos tener en cuenta antes de descender es realizar un nudo al final de la cuerda. El descenso es una tarea sencilla que solo requiere de algo de práctica. Únicamente hay que colocar la cuerda de la forma correcta y deslizarse por ella controlando el rappel con ambas manos. Una de ellas la llevaremos en la palanca del descendedor o en el shunt y la otra sujetando la cuerda, presionándola contra nuestra cadera. Debemos bajar en posición de sentados y con las piernas abiertas separándonos de la pared.

• El ascenso: Esta técnica requiere práctica para evitar gastar demasiada energía. Los movimientos deben estar bien coordinados y nuevamente serán las piernas las encargadas de realizar el mayor esfuerzo mientras que los brazos nos ayudarán a mantener el equilibrio y realizar la operaciones.

En la progresión se utilizan cuerdas estáticas.

• Paso de fraccionamientos: Las técnicas anteriores, sin embargo, solo podrán utilizarse en pozos simples o verticales. Lo más habitual es que para evitar roces o empalmes en la cuerda, pasos peligrosos o sobre una cascada, se instalen fraccionamientos. Sin ellos nuestra vida y la de nuestros compañeros correría peligro. Las técnicas serán diferentes en la bajada que en la subida.

• Paso de nudos: Si hemos calculado mál la profundidad del pozo o bien no tenemos una cuerda lo suficientemente larga, nos veremos obligados a realizar un empalme con dos cuerdas, lo que originará un nudo en medio de nuestro camino que deberemos superar. Para ello realizaremos unos pasos muy similares a los que realizamos frente a un fraccionamiento.

• Tirolinas, pasamanos y teleféricos: Si nos encontramos con determinados obstáculos como cascadas, ríos, grandes verticales, podemos utilizar los pasamanos, las tirolinas o los teleféricos, que nos ayudarán a franquear el obstáculo y en ocasiones, nos evitarán dar un rodeo excesivamente largo.

• El agua: El agua es como hemos visto, la artífice de todo ese mundo subterráneo que nos fascina y que hemos decidido explorar. En ocasiones nos encontraremos con zonas inundadas y corrientes activas, lo que supondrá un importante obstáculo en el camino del espeleólogo. Precisaremos de neoprenos, botes neumáticos...

Frecuentemente nuestro camino estará marcado por un curso de agua, que en ocasiones nos obligará a emplear los neoprenos o incluso un bote neumático.

En ocasiones bastará con destrepar con cuidado, teniendo presente que la mayoría de las superficies estarán resbaladizas por la humedad.

Espeleobuceo

Si la espeleología, a pesar de ser un deporte practicado por miles de aficionados, sigue siendo un deporte de minorías, el espeleobuceo es solo para unos pocos deportistas afortunados.

Si durante las páginas anteriores se repetía una y otra vez la necesidad de ir bien acompañado y equipado, estas palabras tomarán un sentido de urgencia y necesidad en el espeleobuceo, una actividad en la que se suman diferentes factores que la convierten en peligrosa. Su práctica está restringida a aquellos buceadores con conocimientos y equipo necesario, además de una preparación física y psíquica adecuada.

La exploración de cavernas suele terminar frecuentemente frente a un sifón, que o bien es un simple paso tras el cual la cueva continúa, o es donde da comienzo la zona freática, saturada de agua, bajo la cual hay

El espeleobuceo es una actividad apta tan sólo para unos pocos privilegiados que deben ser expertos espeleólogos y buceadores.

RÉCORDS

• La mayor sala subterránea del mundo se encuentra en Malasia, en el Parque Nacional de Gunung Mulu, en la cueva Sarawak. Tienen una anchura media de 300 metros y una longitud de 700, mientras que sus techos se encuentran a un mínimo de 70 metros del suelo de la caverna.

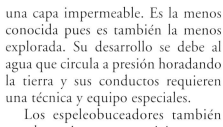

• La estalactita de mayor longitud que cuelga del techo de una gruta sin ningún apoyo se encuentra en Irlanda, en la cueva de County Clare y mide 7 metros de longitud.

• La mayor estalagmita conocida del mundo que se conoce como la Gran estalagmita mide 29 metros de altura y puede verse en la cueva de Aven Armand, en Francia.

• La mayor de todas las columnas se encuentra en China, en la cueva de los Nueve Dragones. La columna es el Pilar del Dragón Volador y tiene 39 metros.

una capa impermeable. Es la menos conocida pues es también la menos explorada. Su desarrollo se debe al agua que circula a presión horadando la tierra y sus conductos requieren una técnica y equipo especiales.

Los espeleobuceadores también acceden a simas que se originaron en la superficie y que luego fueron cubiertas por el agua, con lo que pueden flotar entre mágicos bosques de estalactitas y estalagmitas, aunque lo más frecuente es que se dediquen a la exploración de sifones.

Si en la espeleología el cuidado del material y su funcionalidad son esenciales aquí serán vitales. La disponibilidad de luz, de aire suficiente, de prendas que nos permitan mantener nuestra temperatura y de todo aquello que haga posible el retorno a la superficie, no pueden tomarse a la ligera y solo una concienzuda preparación evita sustos innecesarios y accidentes que podrían llegar a ser fatales.

Espeleotopografía

Los espeleotopógrafos son los encargados de elaborar los mapas de las cávernas.

Los espeleólogos que realizan una topografía, los espeleotopógrafos, deben anotar los cambios de dirección de las galerías, los cambios de nivel, la anchura de los pasos, la altura y un sinnúmero de factores, lo que se complica por las especiales características de las cuevas, que en ocasiones son verdaderos laberintos llenos de ramificaciones. El equipo necesario para realizar estos cálculos y medidas consta de tres elementos principales; una brújula, un clinómetro y una cinta métrica.

En las topografías de cuevas podemos encontrar representaciones en planta, en alzado y por secciones.

Con ellas tendríamos una idea bastante precisa de la estructura de la cueva. Los planos se completan con símbolos que aparecen en el interior de los contornos, y que representan los elementos que podemos encontrar en ella, el tipo de terreno, etc. Todos esos símbolos se explican en la leyenda. En el mapa también aparecerá un recuadro en el que se indican numerosos datos, como el nombre de la cavidad, la localización, los autores del trabajo, la fecha en que se realizó, coordenadas, etc.

GLOSARIO

• **Calizas:** Rocas formadas por carbonato de cal. Atendiendo a su textura, composición química y su origen se distinguen numerosas variedades, como los mármoles, las margas, etc...

• **Croll:** Es un bloqueador. Elaborado con aleaciones muy ligeras, permite la progresión por una cuerda con gran seguridad y un mínimo esfuerzo. Permite pasar la cuerda, deslizándose por ella en un sentido y bloqueándose al colgarle peso.

• **Escapatoria:** Camino de salida desde el interior de un cañón que se emplea para abandonarlo en caso de emergencia.

• **Estratigráficos:** Relativo a sus estratos, es decir, a las capas que constituyen los terrenos sedimentarios.

• **Litología:** Parte de la geología que trata de las rocas.

• **Remolino:** Movimiento en espiral del agua fruto de la unión de dos corrientes.

DESCENSO DE BARRANCOS

Este deporte también se conoce como «canyoning» y reúne una dosis de riesgo con las emociones propias de la espeleología y las actividades de montaña. La posibilidad de llegar en el transcurso de los descensos a lugares que, por su difícil acceso, aún conservan la magia primitiva de la naturaleza virgen, es sin duda uno de los motivos que, unidos a la dificultad, han propiciado el impulso que esta actividad, el descenso deportivo de barrancos, ha experimentado en los últimos años.

FOTO: YETI EMOTIONS.

El descenso deportivo de barrancos o barranquismo es una actividad muy relacionada con la espeleología y con la montaña. Se le ha llegado a llamar «espeleología al sol» por las similitud con este deporte y la clara diferencia de estar al aire libre. Esta actividad se desarrolla en cañones y barrancos por los que discurre un río y consiste en descender por su cauce superando los diferentes obstáculos que presenta en su curso.

Así, en ocasiones deberemos caminar por resbaladizas rocas, o nadar, realizar descensos en rápel (mediante descensores por una cuerda), saltar al agua desde considerables alturas o servirnos de las rocas, pulidas por el efecto continuado de las aguas, como si fuesen toboganes.

En esta actividad, como en otras muchas, los franceses fueron los pioneros en Europa, que realizaban los descensos de barrancos a principios del pasado siglo con el fin de explorar los ríos y sus cauces. Como actividad deportiva se la puede considerar joven, aunque tiene un antecesor muy directo en la espeleología. Está tan emparentado que algunos espeleólogos realizan entrenamientos en barrancos, donde se emplean técnicas y equipos muy similares.

Poco despues, a estas técnicas y elementos se sumaron otras y otros procedentes del alpinismo, con lo que se fue consolidando este deporte hasta ser lo que es hoy en día. Ya que el descenso deportivo de cañones se considera una actividad de riesgo, por nor-

FOTO: JEAN CAPDEVIELLE.

ma, realizaremos los primeros contactos con esta disciplina de la mano de profesionales que nos acompañen y guíen al principio.

El medio

Uno de los atractivos de este deporte es precisamente el entorno, por lo que todo lo que sepamos de él dará a nuestra experiencia mayor riqueza, es decir, disfrutaremos más de ella. Saber además de donde proceden las aguas que abastecen nuestro recorrido y el tipo de roca que lo forma será, como veremos más adelante, una de las claves para prevenir peligros.

Es fundamental que durante nuestro descenso pongamos especial atención en no provocar ningún daño en el cañón. Evitaremos recoger muestras vegetales, minerales y por supuesto animales. Por supuesto no abandonaremos desperdicios o basura de

SISTEMAS FLUVIALES

Se podría dividir un sistema fluvial en tres partes bien diferenciadas, cada una de las cuales y de forma simplificada, tendría una acción geomorfológica predominante. Así tenemos la cuenca de drenaje, la zona de acumulación y la desembocadura. La extensión y las características de la cuenca de drenaje determinan el volumen de agua del sistema hidrográfico.

FOTO: JEAN CAPDEVIELLE.

El agua que discurre por los cañones por los que se desciende, forman parte de esa cuenca de drenaje, de ese sistema interrelacionado, por lo que el caudal del barranco puede fluctuar dependiendo, no sólo de lo que ocurra en sus inmediaciones, sino en todo el sistema.

De ahí la importancia de conocer bien la extensión del área de drenaje, la climatología de esta zona, la litología, el relieve, la vegetación, etc, pues de todos estos datos dependen las crecidas, que son uno de los mayores peligros de esta actividad. En esta zona predomina una acción de erosión, donde el agua va llevándose los materiales por donde discurre y los va arrastrando a zonas inferiores.

ningún tipo en el cañón. El agua que circula por él es muy sensible ante cualquier alteración y de ella dependen multitud de seres vivos entre los que se incluye, lógicamente, al propio hombre.

El conocimiento del medio también pasa por un reconocimiento previo del cañón por el que se va a descender y, si es posible, contar con la información necesaria como longitud del trayecto, tiempo estimado para realizar el descenso, altura e inclinación de los desniveles, la existencia o no de escapatorias y su localización, para casos de emergencia, etc.

Requisitos físicos y seguridad

Para practicar el descenso de barrancos en principio sólo es necesario saber nadar. Si comenzamos de forma lógica nos iniciaremos con un barranco de grado 1, es decir, sencillo, sin demasiados obstáculos y con abundantes escapatorias.

Como norma siempre nos iniciaremos en este tipo de actividades de la mano de profesionales que nos enseñaran poco a poco todo lo necesario y velarán por nosotros las primeras veces.

FOTO: ÁNGEL GARCÍA.

Además de la experiencia, ellos contarán con los equipos necesarios y conocerán a la perfección los lugares a los que nos lleven, con lo que el riesgo se reducirá sustancialmente.

En cuanto a la seguridad, y como ya se ha dicho con anterioridad, encontraremos que la meteorología juega un importante papel, por lo que siempre debemos contar con las previsiones para las horas previas y posteriores a nuestra actividad.

El clima es un factor determinante de la seguridad en esta actividad.

Equipo

El equipo en el descenso deportivo de cañones es, como en la mayoría de los deportes de aventura, muy específico y fundamental. Al tratarse de deportes relativamente modernos, aún se encuentran en evolución, por lo que los equipos se van adaptando a los nuevos descubrimientos.

Expertos en otras disciplinas, como la espeleología o la montaña, han dotado a este deporte de unas técnicas y unos elementos de seguridad y progresión que serán imprescindibles para realizar esta actividad de forma segura y divertida.

El casco será un compañero inseparable del aventurero.

TIPOS DE CAÑONES

FOTO: JEAN CAPDEVIELLE

Los cañones son valles de paredes verticales que se van formando por la acción del agua y cuya morfología depende de diversos factores, estratigráficos, el tipo de roca que lo forma, la estructura y humedad del terreno y la proximidad de la cuenca de drenaje.

Los cañones pueden clasificarse según el tipo de roca que lo forme. Las más comunes son arenisca, basalto, caliza, conglomerado, gneis y granito. Dependiendo de la cuenca de drenaje podemos hacer otra división de los cañones, encontrando de esta forma cañones alóctonos y cañones autóctonos.

Los cañones autóctonos se forman por las aguas de su inmediata cuenca de drenaje, característicos de la alta montaña por lo que cuentan con un fuerte desnivel.

Los cañones alóctonos, se forman por aguas de una cuenca de drenaje alejada, los encontramos en pendientes más moderadas que se ven obligadas a cortar los relieves que se interponen en su camino.

Los cañones pueden clasificarse también en función de si la zona en la que se encuentran es una zona cárstica o se trata de una zona extracárstica. Estos términos se refieren a una litología especial y característica donde suelen formarse cuevas.

Como en todos los deportes acuáticos es indispensable un traje de neopreno. En el descenso de barrancos es frecuente verse obligado a permanecer esperando a otros compañeros, sumergido en agua helada y sin poder beneficiarse de los rayos del sol, por lo que cualquier protección contra el frío siempre será una ayuda.

Los saltos son sin duda uno de los momentos más emocionantes, pero siempre hay que asegurarse de las condiciones del lugar: profundidad, obstáculos, etcétera.

Equipo individual

El traje de neopreno: Los empleados en los barrancos suelen ser de un grosor de entre 3 y 5 milímetros, de forma que protejan lo suficiente sin entorpecer nuestros movimientos. Su uso es recomendable incluso en verano, pues en el agua perderemos calor con rapidez y es muy fácil tener frío. Además la especial conformación de los barrancos hace que nos encontremos frecuentemente ocultos del sol. Si nuestro grupo es numeroso deberemos esperar inmóviles mientras se franquean ciertos pasos, por lo que nos quedaremos fríos en las pausas.

El casco: Especialmente diseñado para que resulte cómodo, ligero y resistente a las duras pruebas a las que vamos a someterle, los cascos suelen estar fabricados en materiales como fibra de vidrio, termoplásticos o resinas de poliéster. Pesan muy poco, son compactos y están bien ventilados. Cuentan con un buen sistema de sujección, que además de permitir que ajuste correctamente resulta cómodo.

Calzado: Debe ser el adecuado, que se agarre convenientemente, que no absorba demasiada agua y que sea ligero y cómodo. El calzado utilizado además de secar rápidamente debe proteger bien el tobillo, pues esta zona de nuestro cuerpo se verá frecuentemente comprometida. Se pueden utilizar escarpines, habitualmente elaborados en neopreno, bajo el calzado, siempre y cuando llevemos un par de números por encima del habitual. De esta forma mantendremos nuestros pies calientes.

Guantes: Al igual que llevamos los pies protegidos, en ocasiones deberemos proteger también las manos. Si la temperatura del agua es muy baja o somos especialmente sensibles con el frío en las manos, podemos llevar unos guantes de neopreno que nos protejan. Sin embargo perderemos habilidad y además estos guantes son frágiles ante el rozamiento que se produce en los rápeles.

Escarpines de neopreno.

El arnés: El arnés debe formar parte del equipo individual. Será imprescindible para realizar descensos asegurados por cuerdas y para transportar parte del equipo. Dado que nos arrastraremos frecuentemente sobre nuestros glúteos, los arneses de descenso deportivo de cañones, suelen llevar una protección especial en esta zona, un refuerzo que además de proteger nuestra querida anatomía, evitará desperfectos en el traje de neopreno. Buscaremos en el arnés que sea ligero, cómodo, cuando nos encontremos suspendidos de él y que nos permita libertad de movimientos. Deben ser fácilmente regulables y si están homologados, tendrán garantizada la resistencia.

Equipo de transporte: Parte del material podrá ir alojado en una mochila

El arnés que se emplea en descenso de barrancos tiene refuerzos especiales en aquellas zonas que van a sufrir más rozamiento. Cada miembro del equipo debe llevar además un «ocho».

FOTO: YETI EMOTIONS.

Muchos de los pasos deberán superarse gracias a las cuerdas mediante el rápel.

normal sin que importe que se moje o no, pero otros elementos deberán ir perfectamente protegidos del agua. La mochilas de canyoning están diseñadas para soportar continuo contacto con el agua y los roces con las rocas, por lo que suelen fabricarse con materiales como el PVC. Las mochilas deben ajustarse bien al cuerpo y contar con un sistema de evacuación de agua. Los bidones estancos son recipientes de plástico de boca ancha y cierre hermético que nos permiten llevar todo tipo de equipo a salvo del agua y la humedad. Dependiendo de nuestras necesidades buscaremos bidones de diferentes capacidades, pudiendo encontrar desde los de 6 litros, hasta de 60. El transporte de

estos bidones es incómodo, por lo que ajustaremos nuestro equipo al mínimo.

Dependiendo de los cañones precisaremos de ropa seca, linternas, alimentos, ropa de abrigo, etc. En cualquier caso siempre es aconsejable llevar un botiquín y una manta reflexiva, que nos permitirá mantener caliente a un herido mientras llega ayuda. Si vamos a pasar mucho tiempo en el barranco podemos llevar también alimentos de poco peso y alto valor energético y bebidas isotónicas.

Equipo de progresión vertical

A lo largo del descenso nos enfrentaremos a desniveles o pasos complicados que deberemos franquear mediante

Al igual que en la espeleología, en el descenso deportivo de barrancos se emplean cuerdas estáticas.

El «ocho» es el sistema más utilizado en el descenso de barrancos.

la ayuda de una cuerda. Para ello necesitaremos contar con unos materiales que vamos a describir a continuación y además tendremos que ser capaces de instalar anclajes, colocar los elementos de descenso y realizar ciertas maniobras complejas.

La cuerda: En descenso de barrancos se suelen utilizar, como en espeleología, cuerdas estáticas, o semiestáticas, más seguras en la progresión y capaces de frenar al deportista en caso de producirse una caída. Los grosores más habitualmente empleados son los de 8,3 o 9 mm.

Mosquetones: Los mosquetones son una pieza fundamental del equipo, pues sin ellos no podríamos asegurarnos a las cuerdas, ni realizar las necesarias operaciones. Hay infinidad de modelos fabricados en materiales muy ligeros y dotados de seguros que impiden que se abran.

Bloqueadores y descensores: Elaborados con aleaciones muy ligeras, permiten subir o bajar por una cuerda con gran seguridad y un mínimo esfuerzo. Hay diferentes tipos, el croll, el puño o el shunt. El sistema

más empleado en el canyoning para el descenso es el «ocho». Se trata de un elemento barato, fácil de instalar, de fácil manejo, que se puede utilizar para asegurar y se puede bloquear mediante una llave de bloqueo. Cada miembro del grupo debe llevar al menos un «ocho».

Cabos de anclaje: Es un instrumento que podemos confeccionar nosotros mismos con unos tres metros de cuerda dinámica de al menos 9 mm. y un par de mosquetones. Nos permitirán sujetarnos a cualquier punto fijo, mientras realizamos alguna operación.

Los anclajes: Son lugares a los que fijar nuestra cuerda. Los anclajes pueden ser naturales, como árboles, puentes de roca, salientes, ecétera, o bien, artificiales, es decir colocados por nosotros mismos.

En este apartado analizaremos la forma de desplazarnos por los cañones sin entrar en detalle en las técnicas más complejas de progresión vertical que, por su mayor complejidad, deberán aprenderse de la mano de profesionales.

Los mosquetones son piezas fundamentales en todas aquellas disciplinas en las que se progresa por cuerdas. Elaborados con aleaciones muy ligeras son a la vez extremadamente resistentes, pudiendo soportar tensiones de miles de kilos. Algunos modelos van dotados de un seguro que impide que se abran por accidente.

Técnica

Algunos pasos deberemos superarlos mediante un «tobogán», por el que nos deslizaremos hasta una poza.

En ocasiones tendremos que esperar mientras el resto del equipo supera un paso complicado.

Caminando: Será la forma de desplazamiento más habitual en el barranco, y por regla general se realizará por superficies resbaladizas, rocas pulidas por el agua raramente horizontales. Caminaremos despacio, midiendo bien cada paso, evitando saltar, correr y cualquier movimiento brusco innecesario. Procuraremos caminar agachados en los tramos más comprometidos, ayudándonos con las manos siempre que sea necesario.

Nadando: Lo habitual será recorrer tramos cortos a nado. Nuestros movimientos deben ser siempre comedidos, pausados, para evitar golpes con rocas u otros obstáculos que podamos encontrar bajo el agua.

Comprobaremos que el traje de neopreno nos facilita flotar. En aguas tranquilas no tendremos problemas, nos desplazaremos tranquilamente, siguiendo siempre las instrucciones del guía.

La corriente del agua puede favorecernos en ocasiones, si no es demasiado fuerte, puede transportarnos evitando que nos cansemos. En cualquier caso adoptaremos siempre una postura de seguridad, con los pies a favor de la corriente. Si la corriente es fuerte, evitaremos que la misma nos lleve.

Una de las situaciones más peligrosas puede ser el momento de atravesar un sifón. El agua desaparece bajo una roca que bloquea nuestro camino. Sin conocer el sifón optaremos siempre por la prudencia, atravesándolo por encima.

Saltando: Los saltos son sin duda uno de los momentos más emocionantes de los descensos. Jamás saltaremos sin conocer el estado del fondo, profundidad, etc. Ni tampoco de cabeza o llevando la mochila a la espalda, pues al entrar en el agua puede golpearnos la nuca. Si no hay demasiada altura no debemos seguir más precauciones que esas. Saltaremos siempre en postura vertical, con los brazos pegados al cuerpo y los pies juntos. Una vez entremos en el agua trataremos de hundirnos lo

Los toboganes serán uno de los momentos más divertidos. Siempre deberemos comprobar antes de lanzarnos qué es lo que nos espera abajo.

menos posible para lo que nos encogeremos, separaremos los brazos y las rodillas, sin separar los tobillos. El siguiente saltador esperará a que el anterior despeje la zona del salto y el último se asegurará de que no se queda material abandonado. Por descontado ante la más mínima duda se optará por realizar un rápel y evitaremos saltar.

En los toboganes: Los toboganes son otro de los pasos que hacen de esta actividad un deporte tan popular. Las precauciones que deberemos seguir antes de deslizarnos por ellos serán las mismas que para realizar un salto. Deberemos asegurarnos que la poza donde vamos a caer está libre de obstáculos y tiene suficiente agua. Como norma descenderemos con la

NUDOS

Si lo que necesitamos es atarnos nosotros mismos, al atravesar un paso difícil por ejemplo, a un anclaje seguro o al resto de los compañeros, utilizaremos el famoso «as de guía» (3) un nudo sumamente eficaz. La ventaja de este nudo, es que deja una gaza que no se aprieta, por lo que no nos estrangulará la cintura si caemos o damos un tirón fuerte.

El nudo de pescador (1), es también bastante conocido y sencillo y ofrece seguridad si se realiza doble, para unir dos cuerdas del mismo grosor.

El nudo en «ocho» (2), es también bastante fácil y útil, conviene hacerlo por mera precaución en los extremos libres de cualquier otro nudo, evitando que por accidente se deslice. Se puede utilizar también

1   2   3   4

como nudo de empalme igual que el de pescador.

Como utilizaremos cuerdas de bajo milimetraje emplearemos habitualmente el nudo de nueve. Es muy seguro y se utiliza en los anclajes.

Siempre que debamos unir dos cintas o realizar un nudo en las mismas, emplearemos el nudo de cinta (4). Es el único nudo que se debe usar para unir dos cintas planas. Cualquier otro no sería seguro.

espalda sobre la roca, siempre con los pies precediéndonos y los brazos plegados sobre el pecho. El cuerpo lo llevaremos estirado. El propósito de esta postura es bien simple, ofrecer una buena superficie de deslizamiento, sin que los brazos puedan engancharse y con los pies de freno.

Rapelando: Determinados pasos se podrán franquear simplemente ayudándonos con las manos, agarrándonos a rocas o arbustos, lo que se conoce como destrepar, pero otros exigirán de la colaboración de cuerdas para poder franquearlos. En algunos casos la cuerda solo será un apoyo, pero lo normal es que se realice un descenso en rápel. La técnica de rápel aún siendo muy sencilla conviene aprenderla con la práctica y bajo la supervisión de un experto.

Descendiendo en oposición: La oposición es una técnica que se puede utilizar para bajar o subir por zonas estrechas, entre dos paredes. La técnica se basa en la presión que ejerceremos sobre las paredes con los pies y la espalda o las manos. Las diferentes posturas que se pueden adoptar, dependiendo de la distancia que exista entre las paredes, determinará diferentes tipos de destrepe en oposición.

FOTO: ÁNGEL GARCÍA.

GLOSARIO

• Calizas: Rocas formadas por carbonato de cal. Atendiendo a su textura, composición química y su origen se distinguen numerosas variedades, como los mármoles, las margas, ecétera...

• Croll: Es un bloqueador. Elaborado con aleaciones muy ligeras, permite la progresión por una cuerda con gran seguridad y un mínimo esfuerzo. Permite pasar la cuerda, deslizándose por ella en un sentido y bloqueándose al colgarle peso.

• Escapatoria: Camino de salida desde el interior de un cañón que se emplea para abandonarlo en caso de emergencia.

• Estratigráficos: Relativo a sus estratos, es decir, a las capas que constituyen los terrenos sedimentarios.

• Litología: Parte de la geología que trata de las rocas.

• Remolino: Movimiento en espiral del agua fruto de la unión de dos corrientes.

PUENTING

El puenting y sus variantes son actividades íntimamente relacionadas con los deportes de montaña, que permiten vivir las máximas emociones dentro del ambiente urbano. El puenting sólo requiere un momento de decisión, el anterior al salto, lo demás es pura adrenalina.

El puenting o el «bungee jumping» proporcionan una sensación única, la de lanzarse al vacío sin que nada, tan sólo una cuerda, nos sujete al mundo. Se trata sin duda de una actividad que nos acerca como ninguna otra a un aparente peligro, que sin embargo no es tal, pues, a pesar de lo que pueda parecer, es extraordinariamente segura.

Historia

El puenting apareció en la década de 1980. Hay quien asegura que surgió como la adaptación actual de una costumbre milenaria que se práctica en la isla de Pentecostés, en el archipiélago melanesio de Vanuatu, conocido hasta su independencia por Nuevas Hébridas.

Allí, los hombres realizan un asombroso salto como rito religioso, por amor o para tener una buena cosecha. Actualmente, también como atracción turística. Desde gigantescas construcciones de madera y con los tobillos atados a una liana, los saltadores se arrojan al vacío, confiando sus vidas a fibras vegetales trenzadas por ellos mismos.

Sin embargo hay otros que dicen que aunque existe una asombrosa similitud entre la costumbre de estos hombres y el puenting, no deja de ser una simple coincidencia y que el deporte que se practica en los puentes procede de algunos estudiantes británicos que competían buscando emociones, lanzándose al aire atados a gomas elásticas y con el objetivo de acercarse lo máximo posible al suelo.

Franceses, británicos y estadounidenses se disputan el mérito de haber inventado el puenting. Otros afirman que surgió como entrenamiento de los escaladores, que les servía para acostumbrarse a las caídas que pueden producirse cuando se escala. Una afirmación bastante lógica por las características de este deporte y los elementos que se utilizan en su práctica. En cualquier caso, entre los muchos aficionados al puenting y sus variantes se encuentran deportistas relacionados con los deportes de montaña.

Variantes

- El puenting: El salto en sí consiste en un gran balanceo, sujetos al puente mediante un arnés y una cuerda. Saltaremos desde un lado del puente, mientras que la cuerda se encuentra anclada en el otro.

La sensación es muy intensa, aunque breve, por lo que más que un deporte se trata de una experiencia, apta para casi todo el mundo.

- El bungee: El *bungee* es también un salto al vacío, que se puede realizar desde un puente, una grua, o incluso un globo o un helicóptero.

Las diferencias con el puenting son diversas. En primer lugar nuestra unión con el puente se efectuará mediante una goma elástica en lugar de una cuerda y el anclaje estará en el mismo lado del puente o de la estructura en la que nos encontremos. Por lo tanto obtendremos una caída totalmente vertical, que será amortiguada por la goma poco a poco. El movimiento, al contrario del puenting, que continúa con un balanceo, seguirá como un rebote decreciente por efecto de la goma.

REQUISITOS FÍSICOS

Ciertas actividades, por el hecho de no ser habituales y proporcionar esa falsa sensación de peligro, exigen a nuestro organismo un tremendo esfuerzo, que nada tiene que ver con la forma física. Es el caso del puenting y del *bungee.*

En ambas variantes del salto, nos enfrentaremos a un salto al vacío, confiando nuestra vida a unas cuerdas y unas personas, en muchos casos desconocidas hasta entonces. Durante los pasos previos al salto la tensión y el nerviosismo irán en aumento.

Durante la espera, mientras llega nuestro turno, el corazón comenzará a latir cada vez más rápido. Luego comenzarán a colocarnos el arnés y las fijaciones necesarias, elementos casi siempre desconocidos que aumentarán nuestro estado de nervios. Finalmente llegará nuestro turno y cuando pasemos al otro lado de la barandilla o nos asomemos a la plataforma, nos temblarán las piernas y notaremos la boca completamente seca. Por un momento nos arrepentiremos de lo que estamos haciendo.

La descarga de adrenalina en el sistema circulatorio, que se ha empezado a producir desde el momento que todo ha empezado, tendrá otros efectos en el organismo, además del aumento del ritmo cardíaco. Aumenta la secreción de jugos gástricos y el hígado y los riñones trabajan por encima de su ritmo ordinario. Nuestro cerebro funcionará también muy deprisa.

El momento de mayor tensión está, sin embargo, aún por llegar. Durante unos segundos, seguiremos dudando, y poco antes de saltar, cuando hayamos

decidido realmente hacerlo, esa fracción de segundo previa al salto en sí cuando ya sabemos que vamos a hacerlo, el corazón alcanzará su máximo esfuerzo y comenzará a relajarse nada más abandonar la plataforma.

Tras ese momento en el que nuestros órganos trabajan a toda marcha, aparece una relajación total. Los temblores de piernas no desaparecerán todavía, pero el corazón y el resto de nuestro cuerpo vuelve poco a poco a su estado natural. Esas reacciones fisiológicas que no suponen ningún peligro para una persona sana, no son recomendables para aquellas personas que padezcan patologías cardiovasculares, gastrointestinales o neurológicas.

Equipo

El equipo es muy similar en el puenting y el «bungee jumping», si bien existen algunas diferencias en cuanto a los arneses y las cuerdas.

El equipo necesario para la práctica de estos deportes es el mismo que se emplea en escalada, con la diferencia del *bungee*, que además incluye la goma elástica y unas sujecciones para los pies. Este material se encuentra en tiendas especializadas y sólo debe adquirirse en estos lugares, ya que garantizan que el material cumple las normas de seguridad pertinentes. Los aficionados que quieran experimentar los saltos de forma ocasional, no necesitan comprar el equipo, que además es caro, sino que pueden acudir a las empresas que ofertan los saltos y usar su material. Esta actividad requiere, más aún que otros deportes de riesgo, un profundo respeto por las normas de seguridad. Aunque ya hemos hablado de este equipo para otras actividades, repasaremos algunas de sus características y particularidades adaptadas a estas disciplinas.

El arnés

El arnés se emplea como una sujección segura entre el deportista y los diferentes elementos de progresión por las cuerdas, por lo que se hace imprescindible en todos los deportes que cuenten con cuerdas o precisen de una forma de asegurar a una persona. El arnés necesario para el puenting es el de fijaciones de cadera empleado en la escalada. Dentro de esta modalidad encontramos distintos tipos de arnés, algunos con fijaciones en el pecho y correas sobre los hombros; sin embargo para los saltos de puenting se emplea únicamente el de cadera.

En el *bungee* se utilizan unas sujecciones para los tobillos, confeccionadas en los mismos materiales que los arneses y cuya función es sujetar al saltador de forma que el salto pueda hacerse de cabeza. Los sistemas de cierre son muy eficaces. A estas sujecciones va unida la goma elástica que permite este tipo de salto. En cualquier caso también se utiliza un arnés de pecho, que nos une también al elástico como medida extra de seguridad.

DATOS DEL SALTO

- En el salto se pueden alcanzar velocidades asombrosas, de hasta 350 km/hora en el caso del *bungee*.
- El corazón latirá a 150 pulsaciones por minuto sin haber realizado ningún esfuerzo físico.
- La aceleración del cuerpo es de 1 g, es decir la de la fuerza de la gravedad (1 g = 9,81 metros por segundo) y sufre una deceleración de 0,5 g. Algo que el organismo puede soportar sin peligros.
- La cuerda elástica del *bungee* está elaborada con cientos de hilos de látex. Suele medir unos 25 metros de longitud. Su diámetro varía en función del peso de los saltadores.

En el puenting el arnés más utilizado es el de cadera.

Cuerdas

Para los saltos en el puenting se utiliza una cuerda dinámica. Ya hemos visto las partes de la cuerda y la diferencia entre las dinámicas y las estáticas. Lo que hace que una y otra tengan distinta elasticidad es el trenzado del alma. Para el puenting se debe utilizar la dinámica por una razón lógica. Esa elasticidad que tienen las cuerdas de escalada es precisamente para el caso de que se produzca una caída. El cuerpo del escalador no debe sufrir una parada brusca en esos casos, sino amortiguada por las propiedades de la cuerda. Aunque en el puenting el salto es casi horizontal, formando un péndulo, es preciso utilizar estas cuerdas que evitan sufrimientos y hacen más seguros los saltos.

En el caso del *bungee*, lo único que sujeta al saltador es la cuerda elástica, que nada tiene que ver con una cuerda dinámica. En el *bungee* se emplea una goma formada a su vez por miles de gomas más finas, que forman un conjunto de gran resistencia. El grosor y las características de estas cuerdas permiten un número determinado de

saltos, aunque se suele trabajar muy por debajo de ese límite.

Cordinos

Los cordinos son fragmentos de cuerda que se emplean como sujeciones intermedias entre las cuerdas y los anclajes. Como sucede en otros deportes, en el puenting y el *bungee* las cuerdas nunca se unen directamente a los anclajes o los puntos de la estructura elegidos como tales. Para ello se utilizan cordinos, principalmente los de cinta plana.

Mosquetones

Para las uniones entre las cuerdas y los diferentes elementos de sujección de los saltadores, se utilizan los mosquetones. Éste es otro elemento habi-

tual de la escalada, la espeleología, el descenso de barrancos, etc. Están diseñados en materiales muy ligeros y soportan miles de kilos, permitiendo uniones seguras y rápidas. En estas disciplinas se utilizan siempre los modelos con seguro, que impide que los mosquetones se abran accidentalmente durante las labores de manipulación o por alguna postura forzada.

Ocho

Tras el salto será necesario que el deportista llegue al suelo, para lo que precisaremos de un sistema de descenso sencillo, pero eficaz, que permita controlar la velocidad de bajada durante esa maniobra. El que se utiliza habitualmente es el «ocho» que ya conocemos del descenso deportivo de cañones.

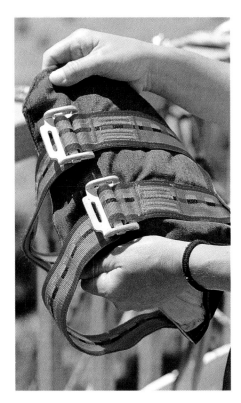

Sujecciones para los tobillos empleadas en el «bungee jumping» y goma elástica para los saltos.

Técnica

La técnica en el puenting

Es necesario decir que la técnica, en cuanto la instalación de las cuerdas, etc., requiere unos conocimientos que no deben aprenderse únicamente de un libro. La misión de un libro de estas características es informar a los interesados de los diferentes aspectos de un deporte, de sus posibilidades, riesgos y peculiaridades. La descripción de la técnica entra dentro de la del propio deporte, pero no debe ser tomada como escuela para autodidactas y menos para este tipo de actividades.

Instalación para el puenting: Lo primero será elegir bien el puente. Como sabemos, en esta elección influyen factores tales como la altura y la anchura de la estructura y las características del terreno de su base, así como la accesibilidad a ambas zonas,

El salto en el puenting describe una parábola, un gran balanceo, un gigantesco columpio, que produce una fuerte descarga de adrenalina.

la de salto y la de recogida, donde tendrán lugar las manipulaciones, esperas, etc. La altura debe sobrepasar en al menos cinco metros la anchura del puente, de forma que ése sea nuestro margen de seguridad. Por supuesto, en la trayectoria pendular del saltador no debe haber ningún tipo de obstáculo, tanto en el puente, como en el propio suelo.

Existen distintas variedades, aunque la más común es la llamada «de péndulo», es decir, la que ya hemos descrito en la que el salto se realiza por el lado opuesto del puente al que se han fijado las cuerdas. La instalación, por lo tanto, requiere unos pasos concretos, pero muy sencillos.

Aunque las cuerdas aguantan muchos más kilos de los necesarios, por seguridad, se colocará más de una para realizar el salto. Cada una de estas cuerdas debe llevar una instalación independiente, pues de otro modo no

estaríamos asegurando de forma correcta. El hecho de duplicar las cuerdas no es sólo por el improbable caso de que éstas pudieran romperse, sino también porque pudieran ceder los anclajes o para solventar cualquier otra eventualidad. Por ese motivo cada instalación llevará, siempre que sea posible y como mínimo, un anclaje secundario que sirva de reaseguro.

Si utilizamos la barandilla como soporte, por ejemplo, trataremos de que cada cuerda se fije a un tramo independiente de la misma o a otro anclaje artificial de la estructura. Aunque las barandillas hayan aguantado años y años, o las hayamos usado de anclaje anteriormente, realizaremos una comprobación de su solidez y de sus fijaciones, pues nunca se sabe lo que ha podido ocurrirles durante el tiempo transcurrido.

Cada instalación, donde irán sujetas las cuerdas, consiste en un cordi-

no que se atará a la parte más sólida de la estructura. Es frecuente asegurar todo el conjunto con un segundo anclaje realizado con placas y *spits*, a los que se unirán las cuerdas mediante mosquetones y nudos de ocho, con la cuerda en doble de forma que quede una gaza. En cada cordino instalaremos un ocho, haciendo pasar por el agujero del mismo que queda libre la cuerda con la que se va a saltar.

Si las cuerdas durante el salto van a rozar con alguna parte del puente o la estructura, deberemos colocar algo que evite ese roce. Un buen truco es colocar en el tramo susceptible de rozar un trozo de manguera de goma, por cuyo interior pasarán las cuerdas. Esto las mantendrá protegidas.

Ahora debemos pasar esas cuerdas desde el lado de la instalación, hasta el del salto, una operación sencilla pero laboriosa. En primer lugar arrojaremos las cuerdas hasta el suelo, previamente colocadas en el ocho. Después debemos subirlas nuevamente pero por el lado contrario, para ello

necesitaremos lanzar desde arriba y desde el lado del salto otra cuerda a la que ataremos las primeras. Sólo tendremos que tirar de esa segunda cuerda para recuperar las que emplearemos para el salto.

Los elementos de anclaje y seguridad empleados en el puenting proceden del montañismo. El ocho (1) es uno de los sistemas de desceno más comunes. El resto se trata de mosquetones sin seguro (2) o con seguro (3 y 4). El uso de los mosquetones o descensores debe realizarse bajo la supervisión de una persona cualificada.

En la zona de despegue tendremos que esperar pacientemente a que el viento sea favorable y todas las condiciones nos permitan afrontar la maniobra con seguridad y garantía de éxito.

sarios para soltarnos de la barandilla y arrojarnos al vacío. El salto, por lo tanto, es una cuestión muy personal.

Precisaremos de un tiempo para mentalizarnos de lo que vamos a hacer, sobre todo una vez que hayamos pasado la barandilla del puente y nos encontremos al otro lado. Como las cuerdas pasan por debajo del puente, ni siquiera las veremos, lo que nos hará desconfiar más aún; sin embargo, si todo se ha realizado correctamente por profesionales, y a pesar de las apariencias, estaremos muy seguros.

Con todo, saber que las cuerdas y el resto del material son capaces de soportar miles de kilos, no supondrá mucha ayuda. El hecho es que vamos a arrojarnos al vacío, algo que va en contra de todo lo aprendido, de la propia lógica.

El salto más habitual para los que comienzan se realiza de espaldas al vacío, en cuclillas desde lo alto de la barandilla o agarrados a ella hasta el último momento. En el segundo salto ya se suele buscar más emoción y se puede saltar de cara, algo más emocionante porque veremos el suelo.

El saltador fijará las cuerdas recuperadas a su arnés, mediante un mosquetón. Si mantenemos las cuerdas que pasan bajo el puente bien tensas, pegadas a la parte inferior del mismo, el salto nos hará realizar un movimiento de péndulo, característico del puenting. Si las cuerdas no están lo suficientemente tensas, podemos sufrir ciertos tirones bruscos, lo que en algunos casos forma parte del placer de esta actividad, ya que esa cuerda sobrante prolonga la sensación de caída.

Una vez finalizado el salto, cuando el movimiento se ha detenido, desde arriba y haciendo uso de los descensores de «ocho», podremos soltar cuerda y hacer que el aventurero que acaba de saltar llegue al suelo. Como sabemos, el rozamiento de la cuerda por el descensor hará esta labor muy sencilla y de poco esfuerzo. También se puede volver a subir al saltador.

- El salto en puenting: No se trata más que de eso, de un salto. No necesitamos saber nada especial y lo único que precisaremos será de la voluntad, el valor y la decisión nece-

La técnica en el «bungee»

Nos encontramos nuevamente con una actividad difícil de aprender. No hay organismos oficiales de una actividad tan reciente, aunque sí encontraremos clubes y empresas que oferten esta actividad. Además, la goma empleada en el *bungee* es muy cara, bastante más que las cuerdas que se utilizan en el puenting, por lo que no es una práctica habitual entre los particulares. Sin embargo, hablaremos, en cualquier caso, de algunas técnicas.

La instalación y otros datos sobre seguridad: Las normas de seguridad y las técnicas de instalación son muy similares a las que hemos visto, pero lógicamente cada estructura requiere diferentes aplicaciones para unas técnicas comunes, derivadas de las actividades de montaña.

El *bungee* se practica habitualmente desde una grúa, de la que cuelga una cabina a la que va fijada la goma que permite estos saltos. También se salta desde puentes, torres e incluso desde globos o helicópteros. Estos saltos desde el mismo aire pretenden llevar más lejos las emociones y prolongar o aumentar la sensación de caída libre. También permiten unos saltos desde una altura mucho mayor, lo que hace posible batir récords, que se actualizan cada poco tiempo, pues los aficionados al *bungee* siempre buscan un nuevo reto. En cada uno de estos lugares la instalación del material será diferente.

Mientras que en el puenting se colocaban dos cuerdas por motivos de seguridad, en el *bungee* no se pueden colocar dos gomas, es decir, confiaremos todo el salto a un único soporte, por lo que su cuidado y manipulación serán en todo momento extremos. Si la goma está pensada para un número de saltos concreto nunca rebasaremos ese límite, es más, deberíamos evitar llegar a él.

En cualquier caso, los anclajes se realizarán, como mínimo, por duplicado. Como en el caso del puenting,

Al margen de la instalación, que requiere unos conocimientos precisos y unas medidas de seguridad extremas, la técnica en este deporte se reduce a un simple salto.

Para evitar los roces con la estructura, la goma lleva una protección especial en los primeros metros.

no confiaremos toda la carga a un mismo punto de la estructura, la barandilla de un puente por ejemplo, sino que buscaremos o elaboraremos otros anclajes secundarios que nos ofrezcan más seguridad.

La goma, al igual que las cuerdas, no debe rozar en ningún lugar que pueda dañarla, ni en su almacenaje, transporte y manipulación, ni por supuesto durante los saltos. Para ello cubriremos con un protector la parte

En el «bungee» la emoción no termina cuando la goma frena la caída del deportista, pues por su efecto elástico vuelve a mandarlo de nuevo hacia arriba, con lo que se suceden los rebotes hasta que finalmente se detiene.

más expuesta o buscaremos una forma de evitar ese roce.

A pesar de las fijaciones que por las espinillas nos unen a la goma, llevaremos también un arnés de pecho con un cordino que nos sujeta también al elástico. De esta forma, a ambos extremos de esta cuerda elástica se realizan uniones dobles (como mínimo), tanto nosotros con las fijaciones de los pies y el arnés de pecho, como a la propia estructura con anclajes primarios y secundarios.

Como en el puenting, a los anclajes se atan cordinos, normalmente de cinta plana a los que se une la cuerda elástica por medio de mosquetones con seguro. En el otro extremo, las correas que cuelgan de las espinilleras del saltador y el cordino de reaseguro del arnés de pecho se unen también con este tipo de mosquetones.

El salto: En el *bungee* el salto más común se realiza de cabeza. Qué más sé puede decir. Pero por loco que parezca, uno no se lo imagina bien hasta que no se encuentra sobre la barandilla del puente dispuesto a arrojarse a un abismo en cuyo fondo nos esperan una piedras de aspecto amenazador.

Una vez más no se precisa de ningún conocimiento especial, tan sólo la voluntad de hacerlo. Se trata únicamente de dar un paso hacia el vacío, en contra de todos nuestros instintos y por el placer del riesgo controlado, de la emoción, de la aventura.

Hay algunos que gritan durante la caída y otros a los que la impresión no les deja emitir siquiera un leve sonido. Con algo de experiencia se pueden hacer piruetas por el aire y aprovechar los rebotes para seguir haciéndolas, porque en el *bungee*, la emoción no acaba tras el salto.

Al estar sujetos a una goma elástica, cuando nuestro peso hace que ésta se estire, llega a un punto en que finalmente nos frena, y posteriormente nos lanza de nuevo al espacio. Esa subida es tan interesante como la caída anterior y nos proporciona una oportunidad mágica de sentirnos ingrávidos, cuando el impulso de ascensión se anula con el de la propia gravedad, y durante un instante flotamos.

Luego las leyes de Newton vuelven a hacerse cargo de la situación y seguimos rebotando, perdiendo impulso cada vez, hasta que finalmente colgamos cabeza abajo, suspendidos por los pies.

Quienes saltan con cierta frecuencia aseguran que los primeros saltos no se disfrutan, ya que la tensión es demasiado grande. A partir del tercer salto la cosa cambia. Pero tampoco conviene abusar dando muchos saltos en un período corto de tiempo, pues perdería el «miedo» y la emoción.

GLOSARIO

• Factor de caída: Es la relación existente entre la diferencia de altura de una caída y la longitud de la cuerda disponible para absorberla. Matemáticamente es igual a la altura dividida por la longitud. Los valores que puede tener el factor de caída están comprendidos entre cero y dos.

• Fuerza de frenado: Es la que ejerce la cuerda sobre el deportista cuando detiene una caída. Si esta fuerza fuese muy grande, las lesiones pueden ser fatales, por lo que las cuerdas estáticas poseen un pequeño índice de elasticidad, de forma que la fuerza de frenado se ajuste a los límites soportables por el cuerpo humano, establecidos por la U.I.A.A en 1.200 kilos.

• Instalación: Es el conjunto de anclajes empleados para fijar las cuerdas que vamos a necesitar para las distintas actividades.

• Maillón: Elemento fabricado en acero o *zycral* de diversas formas. Se utilizan en el arnés, y en todas aquellas uniones que precisen seguridad. Las roscas están diseñadas para que se puedan abrir con una llave inglesa en caso de que queden muy apretadas.

• Resistencia estática: Es la tensión medida en kilos que es capaz de soportar la cuerda antes de romperse, sin que en ella exista ningún nudo, sometida a una tracción lenta.

Momento en el que un saltador es izado de nuevo al puente.

SENDERISMO

Caminar es un excelente ejercicio apto para todas las edades y que ofrece numerosos beneficios, tanto para personas sedentarias que buscan realizar alguna actividad ocasionalmente, como para deportistas que quieren complementar su entrenamiento con una actividad tranquila y sana. Se trata de un deporte que puede practicar todo el mundo, que nos permite ponernos en forma y beneficiarnos del aire libre, que nos aleja de las preocupaciones y las tensiones de la vida cotidiana y que nos ofrece la oportunidad de aprender y experimentar el mundo.

El senderismo tiene su origen en los primeros desplazamientos del hombre, mucho antes de que domesticase a los animales o inventase cualquier medio de transporte. Gran parte de los senderos que se recorren en la actualidad forman parte de una red de vías que comunicaban antiguamente unos municipios con otros o las ciudades con lugares de comercio o peregrinación.

Así, por ejemplo, muchos senderos siguen el trazado de las calzadas romanas que han sobrevivido al paso de los años. El Camino de Santiago es otro ejemplo de los senderos que han permanecido a pesar del tiempo. En España, el camino de los peregrinos cuenta con más de 800 km de longitud y se extiende mucho más por Europa.

Pero como ocurre con otros deportes que hoy se encuentran en franco desarrollo, el senderismo nació en Francia en la década de los años cuarenta del pasado siglo, donde comenzaron a crearse los primeros Senderos de Gran Recorrido (SGR´s).

En principio, se trataba de una actividad relacionada con los deportes de montaña, pero muy pronto adquirió un marco propio, una personalidad diferente y marcada como movimiento cultural y de ocio. Esta actividad no se

limita a Europa (actualmente en España existen casi 9.000 km de senderos señalizados; en Francia, 40.000 km, en Suiza, 50.000 y 210.000 km en Alemania) y ya podemos encontrar SGR´s en África o en los Estados Unidos.

Los senderos suelen estar jalonados de señales.

REQUISITOS FÍSICOS

Una de las principales características de este deporte es la ausencia completa de prisa, por lo que es un excelente contrapunto a nuestra actividad diaria, donde la mayoría de nosotros nos vemos acosados continuamente por la falta de tiempo. Ya que no se busca una competición de velocidad o de resistencia, la edad para practicar el senderismo o la condición física no es un factor determinante ni decisivo. Así, se pueden formar grupos de caminantes de muy diferentes edades y condiciones.

Equipo

El equipo es sencillo si bien deben elegirse con cuidado algunos elementos, como el calzado.

Nuestro calzado, nuestra vestimenta y algunos complementos como guantes, calcetines, gorros, etc., constituirán nuestro equipo personal. La elección correcta de ese material redundará en nuestra comodidad y por lo tanto en nuestra capacidad para disfrutar de este deporte.

El calzado

El más adecuado, pues ha sido diseñado para la practica del senderismo, son las botas de trekking o lo que es lo mismo, botas de marcha. Se trata de un híbrido entre las botas de montaña y las zapatilla de deporte en el que la rigidez es la mínima para garantizar la protección del pie del deportista sin menoscabo de su comodidad. El calzado de trekking cuenta con una suela adecuada, que se agarra convenientemente al terreno y es a la vez flexible. Se complemente con una zona provista de un amortiguador en el talón que hace la misma función que los conocidos colchones de aire. Son impermeables y protegen del frío con bastante eficacia.

Tan importante como el calzado son los calcetines. Siempre trataremos de huir de los materiales sintéticos en nuestros calcetines pues son los que nos pueden dar problemas. Lo mejor en este caso es utilizar calcetines de algodón o una media de lana fina, sin costuras.

La ropa

Como es lógico, la época del año y la región en la que nos encontremos serán los factores más decisivos en nuestra elección. La norma principal es que nos proteja. El cuerpo del deportista debe encontrarse resguardado tanto del sol en verano, como del viento, la lluvia, la humedad, etc. en otras épocas. Además deberemos cubrir con especial cuidado partes tan delicadas como los pies, las manos o la cabeza y llevar en la mochila prendas apropiadas en previsión de cambios climáticos. La protección contra el frío debe combatir igualmente el viento y la humedad. En contacto con la piel llevaremos alguna prenda cómoda. Sobre ella lo más práctico es un forro polar, y por último una tercera capa que servirá de aislante contra el viento y la lluvia, debe ser por lo tanto impermeable y transpirable.

Un par de calcetines, como se ha explicado anteriormente, y unas botas

de trekking, mantendrán los pies calientes. Las manos pueden ir protegidas con unos guantes o manoplas, mientras que para la cabeza seleccionaremos un gorro o un verdugo. Podemos complementar el conjunto con unas orejeras y una bufanda.

Ante el calor, el modo de actuación es completamente diferente, pero no por ello podemos descuidarnos. Por mucho calor que haga, deberemos cubrirnos con una camiseta fina y proteger nuestra cabeza para evitar insolaciones. No olvidemos llevar un chubasquero, pues en la montaña puede sorprendernos una tormenta de verano.

La mochila

Para transportar el material, lo mejor es emplear una mochila. Para las salidas de un solo día será suficiente con un volumen máximo de unos 30 litros. Para aventuras más

Lo ideal es que la mochila cuente con un cinturón, de forma que parte del peso descanse en la cadera.

largas dispondremos de otra con un volumen mínimo de 40 litros y máximo de 60. Una mochila adecuada no deberá superar el kilogramo de peso en vacío. Las más aconsejables para el senderismo no precisan de armaduras de tubos de aluminio y será suficiente que tengan una plancha de poliuretano en la espalda que le otorgará la rigidez necesaria. A la hora de elegir nuestra mochila deberemos tener en cuenta que posea correas acolchadas regulables y un cinturón que reparta el peso también a las caderas.

Bastón

El bastón no es exclusivo de las personas mayores en lo que se refiere a la práctica del senderismo; todo caminante experimentado apreciará la ayuda que le puede prestar este valioso aliado. El bastón nos permitirá guardar el equilibrio en los pasos más complicados, donde el terreno sea accidentado, también puede servirnos de protección. Una de las mejores opciones es utilizar un bastón de esquí que ofrece innumerables ventajas. Posee una gran resistencia, representa una carga mínima y dispone de un mango anatómico con una correa que nos permitirá sostenerlo con mayor seguridad. Algunos modelos son telescópicos, lo que facilitará su transporte cuando no lo usemos.

Cantimplora

La necesidad de llevar una cantimplora es fácilmente comprensible. La elección de la cantimplora puede depender de muchos factores, su capacidad, el material con el que esté construida, etc. Actualmente podemos encontrar cantimploras isotérmicas que mantienen estable la temperatura del líquido. La cantimplora debe viajar siempre en un lugar accesible de nuestra mochila, que nos permita utilizarla sin tener que deshacer el equipaje.

Brújula y mapa

La brújula debe ser un compañero inseparable de todo aficionado a la montaña. Salir a caminar, aunque sea por senderos señalizados, debe hacerse siempre bajo la seguridad que ofrece conocer los rudimentos de la orientación. Por ello es aconsejable no solo llevar una brújula, sino también un mapa de la zona y, lo que es más importante, saber utilizar ambos correctamente.

Equipo variado

Es aconsejable asimismo contar con una buena navaja, un botiquín, una linterna, prismáticos... y todo aquello que pueda hacer de nuestro día en la naturaleza un momento más agradable, como una cámara de fotos, un buen libro...

Técnica

En este capítulo analizaremos la forma en que vamos a practicar el deporte del senderismo, es decir, andando. La edad, el sexo o nuestra forma física inicial no tienen porqué determinar nuestra decisión de ponernos en marcha, nuestra voluntad de caminar. El ritmo inicial, sin embargo, debe seguir una cierta lógica. Aunque se trate de un deporte muy beneficioso que contribuye a mejorar nuestra forma física y que no requiere un esfuerzo inicial excesivo, debemos adecuar el ritmo de la marcha y la distancia recorrida a un sencillo programa de entrenamiento. La velocidad no es importante para el deporte que nos ocupa.

Tiempos de marcha

En el transcurso de nuestras caminatas nos encontraremos con indicadores en los propios caminos que nos hablan de tiempos de marcha en lugar de distancias. En las topoguías ambos datos se complementarán y junto con la distancias en kilómetros de cada recorrido encontraremos el tiempo estimado para completarlo. Estos tiempos suelen estar adaptados a una velocidad aproximada de unos cuatro kilómetros por hora.

El ritmo al andar lo marca nuestro compañero más lento, no hay prisa en este deporte.

¿Qué estación del año es la mejor para caminar?

Los senderos discurren normalmente por parajes naturales de gran belleza o junto a pueblos y lugares de interés, por lo que cualquier época será buena para recorrerlos, ya que cada una de ellas nos mostrará unas condiciones diferentes que nos ofrecerá una visión también distinta del mismo lugar. La vegetación, la fauna, incluso las costumbres de las gentes que habitan esos lugares, se modificarán dependiendo de la estación del año.

La primavera nos ofrecerá un despliegue de colorido y de vida, de fragancias. Encontraremos agua en abundancia y las temperaturas serán mucho agradables para caminar que una vez llegue el verano.

En el verano todo parece inconveniente, pues el calor puede convertirse en una tortura para el caminante, el agua no será tan abundante y casi en cualquier parte nos encontraremos con la presencia masiva de turistas; sin embargo, también tiene sus ventajas. Casi todos los pueblos, aldeas y ciudades están mejor preparadas para acoger a los visitantes y celebran sus fiestas en los meses estivales. Es el mejor momento para conocer caminantes de todas las procedencias y nacionalidades. Asimismo contamos con más horas de luz que en cualquier otro momento del año y si bien el calor resultará un compañero muy duro, al menos podremos viajar más ligeros de equipo y sumar el baño en los ríos o embalses a nuestra lista de actividades complementarias.

El otoño es conocido por todos como la época en la que los árboles pierden sus hojas, pero antes las tiñen de infinidad de matices ocres y rojizos dotando a cada rincón del trayecto de una belleza sobrecogedora. A pesar de que aumentará la humedad y bajarán las temperaturas, puede ser difícil encontrar agua potable en algunos lugares.

En invierno no tendremos problemas por exceso de temperaturas,

de partida, o bien para trasladarnos desde el final del recorrido nuevamente hasta el inicio. Lo más habitual será que nos acerquemos en nuestro propio coche hasta el lugar desde el que comenzaremos. Si el camino ante nosotros es largo, agradeceremos el apoyo o la colaboración de otro vehículo durante en el trayecto y al final.

Precauciones

Son muchas las prevenciones que podemos y debemos tomar sin que importe la dificultad o longitud de nuestro camino. Para minimizar los riesgos debemos contar siempre con todas las posibilidades y prepararnos para ellas. Llevar equipo de abrigo, de protección contra la lluvia, agua en abundancia... La lista puede ser muy larga y el peso del equipo resultante imposible de transportar. Para reducir esa lista de equipo lo mejor es estudiar a fondo la ruta que vamos a seguir, conocer a la distancia que vamos a estar de los pueblos o aldeas, del hospital más cercano, de la situación de las fuentes, los puestos de la autoridades, etc. Otra de las reglas básicas de prevención y seguridad es mantener en todo momento informados a nuestros familiares y amigos de los datos básicos de nuestra pequeña

Cada estación requerirá un equipo y unas precauciones determinadas.

ni por falta de agua. Pero deberemos tener en cuenta las condiciones especiales de esta estación para llevar el equipo adecuado. La nieve sepultará muchas vías y nos obligará a seleccionar nuestras rutas con mayor cuidado y en el caso de no tener el equipo o los conocimientos necesarios, evitar ciertos recorridos. Pero nos permitirá también contemplar la naturaleza con un aspecto completamente diferente.

Vehículo de apoyo

A pesar de que este deporte consiste en andar, más tarde o más temprano necesitaremos de un vehículo, ya sea para acercarnos hasta el punto

En ocasiones será necesario contar con un vehículo de apoyo.

Estudiar a fondo la ruta nos permitirá reducir riesgos y llevar menos equipo y más adecuado.

ACTIVIDADES COMPLEMENTARIAS

El senderismo puede ser un fin en sí mismo, una actividad deportiva que nos permita escapar de la rutina, del ritmo acelerado y enloquecedor de las ciudades. O bien puede convertirse en el medio para dar rienda suelta a nuestras aficiones o cultivar otras nuevas.

Algunas de estas actividades se pueden realizar a la vez que recorremos los senderos, sin salir de ellos y mientras disfrutamos del paseo y del resto de alicientes que nos ofrecen. Otras requerirán un tiempo y un momento específico.

Todas estas actividades enriquecerán nuestra experiencia en cada ocasión que salgamos a caminar, la dotarán de un propósito concreto y constituirán un motor que nos mueva a continuar con este deporte y nos ayude a beneficiarnos de sus ventajas.

Actividades complementarias son: la fotografía, el dibujo y la pintura, la lectura y escritura, la observación de animales, la búsqueda de setas...

Una de las actividades complementarias puede ser mantener las señales de los senderos.

Los senderos

Las huellas de miles de pies que van y vienen, la erosión producida por el paso continuado de caminantes en ambas direcciones dibujan en el suelo del bosque o la montaña el trazado del camino. Los zapatos borran la hierba y la vegetación se retira haciendo un pasillo.

Por regla general son los propios aficionados a este deporte agrupados en asociaciones o clubes de excursionismo, los que se interesan y trabajan para que un itinerario concreto, que reúne las características y los encantos suficientes, se convierta en un sendero.

Es necesario señalizar convenientemente el sendero mediante un código internacional que se muestra en la página siguiente. Todos los aficionados a los deportes de montaña y aquellos que hayan caminado alguna vez por la naturaleza se habrán encontrado en alguna ocasión con las marcas que identifican a los senderos. La más común que indica que se sigue un sendero y se camina en buena dirección, son dos marcas paralelas y horizontales de unos 15 centímetros de longitud y unos cinco de anchura. El trazo superior siempre es blanco, mientras que el inferior será rojo, si pertenece a un Sendero de Gran Recorrido, y amarillo si señaliza un Sendero de Pequeño Recorrido.

Las marcas deben situarse de modo que resulten útiles para caminantes que realicen el recorrido en ambos sentidos.

Los Senderos de Gran Recorrido tienen normalmente ramales que se dirigen a puntos de interés del lugar y

El bastón será una ayuda al caminar, un apoyo en terrenos difíciles e incluso un arma defensiva llegado el caso.

que posteriormente nos devuelven al sendero principal. Estas variantes aparecen marcadas con los mismos trazos del mismo color pero cruzados por una línea diagonal blanca algo más fina.

Las señales aparecerán necesariamente, o al menos deberían hacerlo, siempre que el camino llegue a una bifurcación a un cruce de distintos senderos o a cualquier otro punto que pueda confundir al senderista.

En las topoguías contaremos con toda la información sobre un sendero que desconocemos. A todos los

datos ya referidos se suman mapas de la zona, gráficos de los desniveles e incluso las direcciones de los encargados del sendero o de los clubes de la zona.

Actualmente podemos encontrar topoguías de la mayoría de los SGR´s existentes. Ellas serán un valioso aliado que facilitará nuestra marcha y la convertirá en una experiencia más enriquecedora. Podemos adquirirlas en las federaciones deportivas y en tiendas especializadas de literatura o de material deportivo.

SEÑALES

Los senderos, tanto los de Gran Recorrido como los de Pequeño Recorrido, están jalonados de señales que informan al caminante de todo lo necesario. Así conoceremos la distancia en horas hasta el próximo pueblo, los cambios de dirección o los servicios y comodidades que podemos encontrar más adelante.

A continuación se muestran algunas de estas señales. Estas marcas las podemos encontrar en diversos lugares, como troncos de árboles, piedras o en hitos artificiales. También encontraremos postes indicadores en los senderos.

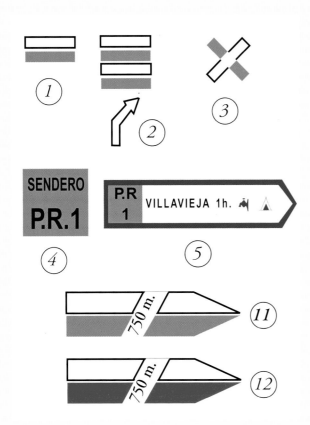

Las señales rojas indican Senderos de Gran Recorrido mientras que las naranjas son las que jalonan los Senderos de Pequeño Recorrido.

1.- Continuidad del sendero.

2 y 7.- Cambio de dirección.

3.- Dirección incorrecta.

4.- Jalón.

5.- Flecha.

6.- Continuidad del sendero en una derivación.

7.- Cambio de dirección en una derivación.

8.- Dirección incorrecta en una derivación.

9 y 10.- Jalón y flecha en una derivación.

11 y 12.- Interrupción de las marcas.

MOUNTAIN BIKE

Con la bicicleta encontraremos un medio apasionante que nos permite disfrutar de cada detalle del camino y a la vez recorrer distancias considerables. Aquellos que buscan el más difícil todavía, o quieren compaginar el deporte con su afición por la naturaleza, encontrarán la respuesta a su anhelo a bordo de una bicicleta de montaña.

Aunque existen referencias de los primeros antepasados de las bicicletas en Egipto hace 3.500 años, la llegada del velocípedo no se produciría realmente hasta principios del siglo XIX y la de montaña no llegaría hasta siglo y medio más tarde, a mediados de la década de los setenta del pasado siglo. Es en Estados Unidos donde se dieron los primeros pasos de este nuevo deporte. El monte Tamalpais, en los alrededores de San Francisco, se convierte en el escenario de esos inicios.

Unos pocos deportistas californianos decidieron utilizar una bicicleta algo especial para lanzarse monte abajo. Se trataba de monturas con unos neumáticos más anchos y una estructura más resistente para esta práctica, que, de momento, sólo consistía en bajar vertiginosamente por abruptas pendientes.

Aquellas bicicletas de montaña eran pesadas y tenían una concepción antigua. Se hacía necesario un diseño más moderno que respondiese a las necesidades concretas del nuevo deporte. El primer intento de diseñar una mountain bike moderna lo acometió Craig Mitchell, basándose en una Schiwinn Excelsior, es decir, las mismas que se empleaban hasta ese momento para lanzarse por el monte Tamalpais, por Marin Country, Crested Butted o el famoso Repack Downhill.

Pero era necesario algo mucho más específico que respondiese a las necesidades que se iban planteando. Se precisaban materiales nuevos y nuevas ideas, así que empleando todo tipo de

materiales y elementos, Joe Breeze construyó un año después lo que podría considerarse la primera mountain bike.

Las bicicletas de montaña continuaron evolucionando en un intento por encontrar un modelo más acorde con lo que los aficionados exigían. Sin embargo, aún era demasiado pronto para que las grandes marcas se interesasen por unos pocos chalados que gustaban de tirarse colina abajo, de forma que las bicicletas adaptadas a este deporte seguían siendo artesanales. La creciente demanda despertó el interés, en 1981, de la Mountain Goat de Jeff Lindsay y la Victor Vincente of America, que se embarcaron en la construcción de las bicicletas de montaña. Rápidamente fueron seguidas por otras muchas industrias.

Los fabricantes no podían esperar que el número de aficionados creciese de forma tan espectacular. Según las estimaciones del Instituto de Investigaciones de Mercado Ciclista, en 1980 se vendieron unos pocos centenares de bicicletas. Poco más de diez años después, la cifra rondaba los veintidós millones de unidades vendidas. Y el aumento en la última década del siglo XX aún fue mayor.

Esto no solo ha beneficiado a los fabricantes, los usuarios se han visto favorecidos por una mejora en los diseños, los materiales, etc., y unos precios mucho más asequibles. Cuando nos referimos al deporte de la bicicleta de montaña no olvidemos que estamos hablando de un deporte que cuenta con poco más de dos décadas de edad y que por lo tanto aún continúa evolucionando y creciendo.

El cuerpo del ciclista

Al igual que cualquier motor, nuestro cuerpo precisa combustible, es decir, alimentos y oxígeno para funcionar.

ALGUNAS NOCIONES DE FÍSICA

Al desplazarnos, ya sea caminando, corriendo o en bicicleta nos vemos sometidos a diferentes fuerzas que colaboran con nuestro movimiento, favoreciendo nuestro avance, o bien oponiéndose a él y por lo tanto dificultándonos la tarea. La velocidad es un factor que siempre nos interesa, ya sea por curiosidad o por necesidad, queremos conocer la velocidad a la que viajamos.

La velocidad que podemos alcanzar está directamente relacionada con nuestro esfuerzo físico y con ciertas fuerzas como la de la gravedad, que se opone a nues-

res a tener en cuenta. Conociendo estas magnitudes físicas, esas fuerzas que intervienen en cada uno de los desplazamientos que realizamos sobre nuestra bicicleta, tendremos una visión más amplia y precisa de todo lo que ocurre a nuestro alrededor.

tro movimiento en una subida, por ejemplo, o lo favorece en una bajada. Esta fuerza no es la única que interactúa en el movimiento de un ciclista. La resistencia del aire, de la rueda sobre el suelo y la fricción de las piezas móviles de la propia bicicleta también son facto-

Pero nuestro organismo es mucho más complejo y más eficaz que cualquier máquina y requiere por lo tanto un continuo cuidado y mantenimiento.

Cuidarse no se limita a abandonar unos vicios más o menos dañinos, también supone seguir una alimentación correcta y equilibrada que nos proporcione todo lo necesario y permita a nuestro cuerpo generar la suficiente energía para nuestra actividad diaria. Mantener una dieta equilibrada esta íntimamente relacionado con nuestra salud. Comer correctamente nos asegura una vida más larga y mejor. Para ello hay que comer de todo, el azúcar y las grasas, son importantes y necesarias, aunque, como es lógico, en su justa medida.

Nuestro cuerpo, además de las proteínas, carbohidratos y grasas, precisa de vitaminas, minerales, etc. Estos aportes podemos obtenerlos de una alimentación variada, equilibrada y sana. Además y como es lógico necesitaremos beber, pues el agua es, como sabemos, fundamental para nuestra salud y por descontado para nuestra supervivencia.

Los músculos: Los músculos que trabajan al pedalear son muchos más de los que parecen a simple vista. Muchos de ellos trabajan sin que su esfuerzo sea visible, aunque los que verdaderamente se desarrollan con el entrenamiento son los de las piernas. Un músculo que se ejercita de forma excelente con la bicicleta es el corazón.

Equipo

La bicicleta es obviamente la pieza fundamental de ese equipo, pero no es la única. Necesitaremos diversas prendas que nos protegerán del frío y harán más cómodos nuestros desplazamientos sobre la bicicleta. El pantalón corto o culote unido a la costumbre, nos permitirá disfrutar más plenamente de la experiencia sin que se resientan zonas sensibles de nuestra anatomía que empleamos normalmente para sentarnos. El calzado adecuado será también fundamental, permitiéndonos un aprovechamiento más completo de nuestros recursos.

Otros elementos del equipo garantizarán nuestra seguridad, como en el caso de los guantes o del casco por poner sólo dos ejemplos. También deberemos llevar material para mantener nuestro vehículo en buen estado. Una bomba para inflar los neumáticos, herramientas para reparaciones de emergencia y los repuestos más básicos que nos sacarán de más de un apuro y nos permitirán continuar con nuestra excursión a pesar de que surjan algunos inconvenientes.

La bicicleta de montaña

La mountain bike es, en su estructura, sus materiales y su propósito, una bicicleta muy especial. Sus elementos principales son los mismos que los de cualquier otra bicicleta.

Los materiales: Cada una de las piezas que componen nuestra mountain bike ha sido diseñada para ofrecer las mejores prestaciones. Así serán resistentes y a la vez ligeras y nos permitirán aprovechar al máximo nuestra energía. Tan importante como su diseño es la utilización de materiales adecuados que por regla general son el acero, el aluminio, el titanio o el carbono.

Elaboración y ensamblaje: Los sistemas más empleados para unir entre sí los diferentes tubos que forman la bicicleta de montaña son las soldaduras, o bien eléctricas o las denominadas duras.

El cuadro de la bicicleta de montaña: La estructura principal de la mountain bike, sobre la que se sustentan el resto de sus componentes es el cuadro. Su estructura está basada en la de las bicicletas de carreras.

Cambio: El cambio de nuestra bicicleta de montaña es un sistema mediante el cual podemos, como en un coche, modificar las relaciones de velocidad, para conseguir un rendimiento óptimo con el mínimo esfuerzo posible. Este sistema tiene tres partes fundamentales: las manetas de cambio, que nos permiten modificar los platos o los piñones desde el manillar; el desviador central, que se encar-

ga de permitir el cambio de la cadena de un plato al otro; y el cambio trasero, que es el encargado de desplazar la cadena de un piñón a otro.

Dirección: La dirección es el mecanismo que nos permite dirigir la bicicleta de montaña. Está formado

por diferentes elementos cuya principal función es mantener la horquilla unida al cuadro y a la vez, y mediante el manillar, efectuar los giros. Los materiales empleados en el conjunto de dirección son el acero y el aluminio.

Frenos: La función de los frenos en la mountain bike es clara y conocida por todo el mundo. Se trata también de un sistema integrado por diferentes elementos: palancas, cables, cuerpo, freno y zapatas.

Manillar: Como el resto de componentes de las bicicletas de montaña, el manillar ha sufrido numerosas

Sillín: El sillín debe ser cómodo pero a la vez no puede ser demasiado blando o de otra forma perderíamos una parte del esfuerzo que hacemos en cada pedalada. Al principio de su utilización el sillín puede convertirse en algo parecido a un instrumento de tortura, pero tan solo necesitamos acostumbrarnos pues su forma y estructura responde a un diseño estudiado para ofrecer las máximas prestaciones y comodidad. Las formas, tamaños y materiales son muy variados.

Transmisión: El sistema de transmisión consta de todos los elementos que permiten transmitir nuestro esfuerzo físico al avance de la bicicleta de montaña. Está compuesto por los pedales, la guarnición y los platos, el pedalier, la cadena y la rueda libre.

permitirán practicar este deporte de forma efectiva, cómoda y segura.

Casco: La importancia del casco es más que evidente, no solo en este deporte sino en cualquier actividad que represente un riesgo. La cabeza requiere un especial cuidado tanto

transformaciones con el propósito de mejorar la postura del ciclista, es decir, su comodidad y rendimiento. El manillar está formado por: la potencia, la barra, las empuñaduras y los acoples o prolongaciones laterales.

Ruedas: Los diferentes elementos que forman una rueda de una bicicleta de montaña son: neumáticos, llantas, radios y bujes. Estos últimos, los bujes, son el eje de la rueda, la parte de toda la bicicleta que soporta más esfuerzos. La llave de uno de sus extremos permite desmontar la rueda del cuadro.

Equipo personal

A continuación veremos en qué consiste el resto del equipo que debemos llevar sobre nuestra montura, tanto las prendas más adecuadas, como el resto de elementos que nos

por su fragilidad como por su importancia. Nuestra habilidad sobre la bicicleta no está relacionada con la utilización de este artículo, siendo necesario para profesionales y para aficionados.

Circulando por carretera supondrá un valioso aliado en caso de que suframos el más leve imprevisto, mientras que en los caminos rurales o rodando campo a través nos protege-

rá de las posibles caídas, de golpes contra obstáculos naturales como ramas, etc. Actualmente podemos encontrar cascos perfectamente adaptados para este deporte que cuentan con las máximas garantías de seguridad, son cómodos y baratos.

Guantes: Los guantes no son una prenda exclusiva del invierno sino de todas las épocas del año ya que su función no se limita a la protección contra el frío, también cubrirán nuestras manos de las agresiones contra ramas, zarzas, etc, del roce del manillar o incluso ante una caída, además de garantizarnos un agarre correcto en cualquier momento.

Calzado: Como sucede con la mayoría de los deportes, la mountain bike exigirá a nuestro calzado unas características especiales que solo poseerán las zapatillas específicamente elaboradas para esta disciplina deportiva. El propósito del calzado para la bicicleta de montaña es permitirnos un buen agarre al pedal a la vez que haga posible emplear el calapies y el rastral sin problemas.

Gafas: Las gafas son otro de los artículos que no deben faltar jamás en nuestro equipo. Nuestros ojos son especialmente sensibles y además pueden sufrir numerosas agresiones en el transcurso de una simple excursión. El polvo que levantan los vehículos o las bicicletas que nos preceden, las ramas que cruzan el camino o los insectos con los que podemos colisionar, son solo algunos ejemplos en los que las gafas nos resultarán útiles.

Vestimenta: La vestimenta del ciclista responde a la necesidad de protección contra las inclemencias atmosféricas, está pensada para permitir una gran libertad de movimientos, debe ser cómoda y estar reforzada en algunos lugares determinados. Habitualmente su diseño presenta colores vivos que permiten detectar la presencia del deportista tanto si éste se encuentra circulando por una carretera como si lo hace a través de la vegetación del monte.

El culote o las mallas son unos pantalones cuya principal misión es garantizar la protección de la entrepierna. Cuenta para ello con un refuerzo acolchado en esa zona. Al ser una prenda ajustada evita que se produzcan arrugas y por consiguiente molestos roces.

Mochila: Una mochila nos permitirá transportar algunas cosas necesarias y formará un conjunto con nuestro cuerpo, permitiéndonos movernos y moviéndose cuando lo hagamos nosotros y por lo tanto evitando desequilibrarnos. Deberemos seleccionar la mochila teniendo en cuenta que posea correas regulables y si es posible un cierre adicional para el pecho y un cinturón, lo que garantizará que se adapte con mayor precisión a nuestra espalda y no se mueva en las travesías.

Cantimplora: Como decíamos unos párrafos antes el agua es fundamental para que nuestro cuerpo funcione correctamente. Los esfuerzos prolongados harán que perdamos agua que necesariamente deberemos reponer. La comida también aumentará nuestro consumo de líquidos. Esto será más evidente en situaciones de altas temperaturas.

Para ello podemos contar con una cantimplora específica para ciclismo, que puede ir acoplada al cuadro. La ventaja de esta última es que la llevaremos siempre a mano y que nos permitirá utilizarla sin que necesitemos detenernos o quitarnos la mochila.

Herramientas: Realizar algunas reparaciones de emergencia, desde un simple y frecuente pinchazo hasta cosas mucho menos habituales, podrán solucionarse si contamos con un pequeño juego de herramientas básicas y algunos repuestos.

Las herramientas que podríamos necesitar para una excursión de un día de duración son las que se muestran en la imagen superior. No son las únicas, pero si las más habituales.

La mochila modificará nuestro centro de gravedad, dato que deberemos tener en cuenta, e impedirá una correcta transpiración de la espalda.

Bomba: A lo largo de nuestra excursión podemos volver a necesitar darle aire a los neumáticos. La única forma de dárselo en cualquier lugar es contar con la ayuda de una bomba. Carecer de ella puede arruinarnos todo un día y obligarnos a abandonar nuestra actividad sin haber cumplido con los objetivos que nos hubiésemos marcado.

MANTENIMIENTO GENERAL

Todo el equipo necesita un mantenimiento, requiere unos momentos de atención tras cada pequeña aventura que vivamos. Ese mantenimiento alargará la vida de nuestro equipo y nos asegurará su buen funcionamiento la próxima vez que lo necesitemos.

La limpieza de todo el equipo garantiza su conservación. El barro, la arena, el agua, serán frecuentes compañeros de excursión que deberemos eliminar por completo de cada rincón donde se escondan. La limpieza la efectuaremos con agua y jabón suave. Determinados productos de limpieza pueden resultar perjudiciales para nuestro equipo, por lo que ante la duda emplearemos únicamente agua.

La bicicleta es la parte fundamental de nuestro equipo y también la más delicada por lo que requerirá un cuidado más detenido y un trato más cariñoso. El barro será uno de los peores enemigos con los que podemos enfrentarnos, capaz de producir daños considerables si no se elimina a tiempo. Por lo tanto el primer paso tras una excursión será realizar un lavado meticuloso de nuestra montura. Agua y una esponja suave para el cuadro y las ruedas, un cepillo de dientes para la cadena, los platos y la rueda libre.

Técnica

Saber montar en bicicleta y conocer la técnica necesaria para sacar el máximo partido a una mountain bike son dos cosas muy diferentes.

Como cualquier deporte la mountain bike requiere unos conocimientos técnicos que nos permitan sacar el máximo rendimiento a la bicicleta, manteniendo en todo momento nuestra seguridad y la integridad de la montura. Es decir, la técnica no solo nos permitirá superarnos personalmente y afrontar recorridos más complicados, también minimizará todos los riesgos (caídas, lesiones, etc.) y mantendrá la bicicleta en buen estado.

Calentamiento: Antes de subirnos a la bicicleta y ponernos a pedalear debemos preparar nuestro cuerpo para el esfuerzo que se avecina. Podemos hacer algunos ejercicios de estiramiento, así como flexionar las piernas o dar una pequeña carrera. El objetivo de todo esto es no obligar a nuesto cuerpo a realizar un trabajo en frío. Tras ese calentamiento, que evitará

tirones y otras molestias, debemos comenzar nuestro esfuerzo de manera gradual.

Nuestra posición sobre la bicicleta: Cuando adquiramos una mountain bike debemos elegir una de nuestra talla, lo que será de vital importancia para que nos sintamos cómodos y seguros sobre ella y para que podamos desarrollar todo nuestro potencial. La postura que mantengamos durante el pedaleo será también decisiva en esas cuestiones y permitirá una correcta aplicación del esfuerzo así como evitará molestias.

El cambio: Conocer la relación más adecuada para cada ocasión y saber emplear el cambio puede parecer complicado, sin embargo es realmente sencillo, la mejor forma de aprender es sin duda con la práctica. Una relación inadecuada no nos permitirá

circular con comodidad por lo que instintivamente buscaremos una opción que nos facilite pedalear con menor esfuerzo. No olvidemos que para cambiar debemos estar pedaleando, pero no en el momento en el que realizamos un esfuerzo intenso o de otra manera lo pagará la mecánica de nuestra bicicleta. Debemos saber que no podemos cambiar bruscamente sino con cierta antelación, de forma que podamos mantener un ritmo de pedaleo continuo ante los cambios del terreno. El cambio de relaciones correcto y gradual nos permitirá emplear un menor esfuerzo. Debemos evitar los saltos y golpes de la cadena, frecuentes durante los primeros contactos con la mountain bike.

El uso de los frenos: El dominio de los frenos será de vital importancia para nuestra seguridad por lo que debemos habituarnos a ellos. No sólo a emplearlos de forma rápida sino también precisa, es decir, dosificando la frenada en función del terreno sobre el que nos desplazamos.

Equilibrio: Desplazarse sobre la mountain bike a cierta velocidad no precisará tanto equilibrio como cuando nos enfrentemos a terrenos complicados que nos exijan lentitud y control. Como todo, el equilibrio se adquiere con la práctica pero una postura adecuada nos ayudará a mantenerlo. El cuerpo levantado del sillín y los pedales paralelos y a la misma altura del suelo nos permitirán desplazamientos de la cadera en busca del equilibrio.

Técnicas de subida: Los terrenos que no presenten demasiadas dificultades podrán afrontarse cómodamente sentados en el sillín. De la misma forma que si fuésemos andando o en coche debemos analizar el camino que se nos presenta eligiendo la ruta más adecuada, esquivando los obstáculos que nos puedan frenar o hacernos perder adherencia.

Si el terreno ofrece mayores dificultades nuestra postura deberá modificarse ligeramente, agachándonos más para favorecer la estabilidad y conseguir que nuestro mayor esfuerzo se

Técnica de subida.

transmita correctamente a través de los pedales. Cuanto menor sea la adherencia y mayor la pendiente más importante será no detenernos ni frenarnos, lo que puede ocurrir ante cualquier obstáculo.

Si las dificultades del terreno van en aumento precisaremos de un mayor esfuerzo y por lo tanto recurriremos a relaciones muy cortas. Ya no podremos ir sentados en el sillín, deberemos colocarnos de pie sobre los pedales. Asimismo adelantaremos nuestro cuerpo para aumentar la tracción sobre el manillar y reducir el esfuerzo de pedaleo. En esta situación las curvas requerirán un mayor gasto de energía, por lo que deberemos afrontarlas con cierta velocidad.

Si el camino es realmente escarpado deberemos utilizar otra técnica. El sillín debe bajarse para bajar también el centro de gravedad. Tanto si vamos sentados como si nos levantamos pedalearemos muy agachados y con el cuerpo adelantado, combinando fuerza y equilibrio. La tracción debe ser óptima. La única forma de superar estas pendientes escarpadas es con un

movimiento rítmico de todo el cuerpo en cada golpe de pedal. Esto nos permitirá mantener el equilibrio y desarrollar la máxima energía.

Técnicas de bajada: Para realizar una bajada segura debemos mantener en todo momento el control de la bicicleta, lo que solo es posible si nuestra velocidad es la adecuada. Si la bajada es suave o por un terreno sin demasiadas complicaciones, podemos hacerlo sentados sobre el sillín. Mantendremos en todo momento los pedales paralelos al suelo, excepto en las- curvas en las que elevaremos el pedal interno para evitar que pueda tropezar accidentalmente contra algún obstáculo. Como decíamos debemos tener cuidado con el freno delantero, principalmente en las curvas donde dificulta el giro y nos resta estabilidad.

El sillín debe colocarse bajo de forma que no impida nuestros movimientos o moleste de alguna manera. El centro de gravedad debe situarse más atrás, es decir nuestro cuerpo debe desplazarse hacia la zona trasera, el objetivo es evitar incidentes ante obstáculos o frenazos. La posición de las piernas y los brazos nos permitirán absorber las irregularidades del terreno con mayor comodidad que sentados. Además, levantados podemos modificar el centro de gravedad del conjunto en función de las necesidades. Una vez más necesitaremos anticipar nuestros movimientos, lo que sólo podemos hacer observando atentamente el terreno que nos espera.

Es necesario saber reconocer donde se encuentra nuestro límite y evitar situaciones arriesgadas e innecesarias. Más adelante en este mismo capítulo analizaremos la forma correcta de acarrear la bicicleta.

Terrenos extremos

El entrenamiento es fundamental para dominar la bicicleta en esos terrenos. En primer lugar, y como es lógico, debemos tener un control total de ella en los medios habituales. El dominio de la misma sobre terrenos muy irregulares y accidentados será el preludio de lo que conseguiremos luego mediante el empleo de

En determinados terrenos o circunstancias deberemos acarrear la bici de una u otra forma.

estas técnicas especiales que serán auténticas acrobacias.

Lo primero que debemos dominar es el equilibrio tal y como se había descrito en el apartado específico destinado a ello. De pie sobre los pedales, con el manillar firmemente agarrado y con un máximo de dos dedos en las palancas de freno nos mantendremos botando ligeramente. El siguiente paso es levantar la bicicleta del suelo con un movimiento más exagerado de esos mismos rebotes.

Comprobaremos que estos saltos nos permiten desplazarnos hacia los lados, lo que trataremos de dominar pues ello nos facilitará en el futuro la colocación de la bicicleta para afrontar pasos complicados, etc. En nuestros entrenamientos debemos llegar a dominar el desplazamiento lateral en ambos sentidos y también hacia atrás.

Con el paso del tiempo y la constancia lograremos dominar esas técnicas y con ellas disfrutaremos más plenamente de cada salida. Podremos efectuar giros en curvas muy cerradas mediante la elevación de la rueda trasera pivotando sobre la delantera, podremos trialear sobre rocas o troncos, ecétera.

Terrenos imposibles

Pero ni siquiera dominando las técnicas anteriormente citadas estaremos en disposición de enfrentarnos a todo. Numerosas circunstancias pueden obligarnos a bajarnos de la bicicleta y continuar el camino a pie. Ya sea por las características del terreno, por la inclinación excesiva de una pendiente, por obstáculos infranqueables o incluso por cansancio, nos veremos obligados a cambiar las tornas, y ser nosotros los que transportemos a nuestra montura.

Llegado ese caso podemos empujar la bicicleta o cargar con ella.

GLOSARIO

• Aleación: Sustancia constituida por dos o más elementos de los cuales, al menos uno, es metal.

• Potencia: Cantidad de trabajo realizado en la unidad de tiempo.

DEPORTES DE INVIERNO

El esquí y el snowboard son los representantes más conocidos y que cuentan con más aficionados de los deportes de invierno. Por practicarse en plena naturaleza tienen un importante componente de aventura, principalmente aquellas modalidades que buscan experimentar las sensaciones más fuertes, llegar más lejos, más alto o más rápido.

El invierno suele ser para muchos una época de descanso forzado, cuando la lluvia o el frío nos impiden practicar nuestros deportes favoritos, un momento excelente para disfrutar de las actividades que encuentran su marco en los meses más fríos del año.

Algunos datos apuntan a que el hombre lleva utilizando esquís desde la Prehistoria. Aunque hay referencias históricas escritas posteriores, como la del autor griego Procopie, que 500 años antes de Jesucristo nos habla de cazadores y guerreros que en Finlandia se desplazaban llevando en los pies unos listones de madera.

Los primeros datos del esquí deportivo son mucho más recientes. En 1866 se celebraron dos pruebas, las primeras de su clase. Unos años después, en 1879, se presenta en la Exposición Universal de París el primer par de tablas suecas en el stand de ese país, donde el expositor se las muestra a Henry Duhamel, uno de los precursores de este deporte.

Duhamel, miembro del Club Alpino Francés, quedó muy impresionado por las posibilidades de aquel invento e inmediatamente se puso manos a la obra. Sus primeros intentos estaban marcados por la dificultad de fijar las tablas suecas a sus pies.

Casi simultáneamente con la iniciativa de Duhamel, dos amigos, el alpinista alemán Wilhelm Paaulcke y el austriaco Mathias Zdarsky, basándose también en los esquíes suecos, realizaron algunas modificaciones destinadas a fijar las tablas a los pies. Nace así el esquí alpino.

Como sucede con otras actividades deportivas, una parte importante de la evolución del esquí se debe a la participación del ejército en sus primeros pasos de historia. En 1904, en la localidad francesa de Briançon, se abre la Escuela Oficial de Esquí. En 1907, en otra localidad muy cercana, en Mont-genèvre, se organiza la primera competición internacional. En 1926 el austriaco Lettner inventa los cantos, unas regletas de hierro bajo los esquís, lo que permite el esquí paralelo que no tarda en demostrar su efectividad frente al *telemark*. Poco a poco el esquí pasa a convertirse en una actividad de ocio para todos los públicos y no sólo para unos pocos.

Como en todas las disciplinas deportivas, la mejora en los materiales supuso un importante impulso que todavía continúa. El esquí sigue evolucionando hoy en día y a la vez mantiene el encanto que atrajo a los primeros aficionados. Los materiales siguen mejorando y los esquís son cada vez más resistentes, ligeros y eficaces. Aparecen nuevas modalidades, nuevos retos y el espíritu de los pioneros se perpetúa.

La espectacularidad de los deportes de invierno, en cualquiera de sus disciplinas, atrae a deportistas curiosos de todo el mundo.

Equipo

La vestimenta es una parte fundamental del equipo que nos permite disfrutar del deporte a pesar de las bajas temperaturas.

Repasemos ahora el equipo analizando los materiales y los diferentes tipos de cada elemento.

Los esquís

Se trata, sin duda y, como es lógico, del elemento clave del equipo, pero como veremos muy pronto no será el único. La elección de los esquís no debe hacerse a la ligera. Si nos vamos a iniciar en este deporte es aconsejable pasar una temporada alquilando el equipo y comprobando las diferencias entre los diferentes esquís.

Actualmente los materiales empleados en su construcción son las fibras de vidrio, de carbono o de *kevlar* o el poliuretano.

Podemos encontrar diferentes tipos de esquís, cada uno de los cuales se adapta mejor a una modalidad y a nuestra experiencia. La mejor elección

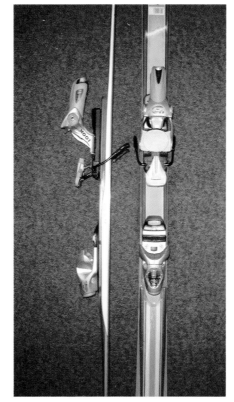

para aquellos que se inician en el esquí es la de los llamados «compactos» o los de turismo.

En los esquís se distinguen unas partes comunes. La parte inferior se denomina suela. En la cara inferior, en los laterales y enmarcando la suela encontramos los cantos.

Un mismo esquiador en cualquier caso puede utilizar diferentes medidas de esquís dependiendo de su altura, su peso, sus preferencias a la hora de esquiar o su nivel.

Las botas

Como sucede con la mayoría de los deportes, el calzado es una de las piezas más importantes. Antes que nada, una bota de esquí debe ser cómoda. Es fundamental que las botas que elijamos nos sujeten el pie adecuadamente pero sin comprimirlo demasiado. Comprobemos que el talón queda bien sujeto y que los dedos gozan de cierta movilidad. Eso favorecerá la circulación y evitará que los pies se nos queden fríos.

Actualmente la mayoría de botas son similares a las que aparecen en la imagen.

Las fijaciones

Las fijaciones son una parte fundamental del equipo y cumplen una doble función de máxima relevancia. En primer lugar constituyen el sistema de unión entre el calzado y el esquí. Esta unión debe ser sólida y segura, pero al mismo tiempo debe soltarse en caso necesario, un golpe, una caída, etc.

La dureza de la fijación es regulable, de forma que un esquiador con poca experiencia, más propenso a caerse, las llevará más suaves, mientras que uno veterano y rápido necesitará que sean más duras. Es conveniente realizar algunas pruebas de la dureza de la fijación antes de ponernos a esquiar y lo mejor es hacerlo en parado, donde las consecuencias serán menos graves.

Los bastones

La correcta elección de los bastones será un factor determinante en nuestro disfrute y efectividad a la hora de esquiar. Una longitud incorrecta no nos permitirá tener los apoyos adecuados y en lugar de constituir una ayuda se convertirán en una molestia. Para elegirlos de nuestra talla volveremos el bastón del revés y lo sujetaremos con la mano por debajo de la arandela. El brazo debe formar un ángulo recto (90º) cuando la empuñadura descanse en el suelo.

La indumentaria

La función principal de nuestra vestimenta debe ser proporcionarnos la protección necesaria frente a los elementos, dejando en segundo lugar nuestra aceptación en la sociedad. No todas las partes de nuestro cuerpo precisan la misma protección. El tórax precisará más abrigo que las piernas, mientras que las

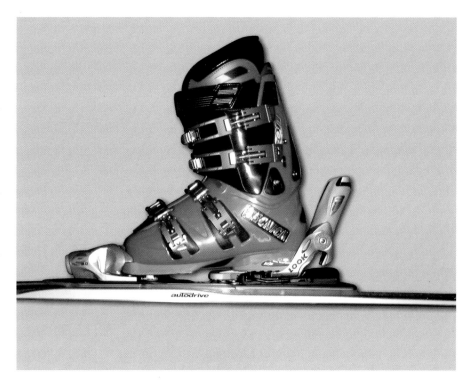

Las fijaciones deben constituir una unión sólida y segura entre las botas y los esquís.

manos y los pies merecerán una atención especial. Un par de calcetines, como se ha explicado anteriormente, y las botas mantendrán los pies calientes.

Las manos deben ir protegidas con unos guantes. Si el frío es intenso, unas manoplas serán más efectivas, pero pueden resultar más incómodas. La cabeza merece igualmente un mayor cuidado, pues como sabemos a través de ella se pierde mucho calor.

La ropa cumple además otra función y es la de protegernos de las agresiones externas entre las que destacan las producidas por las abrasiones tras una caída, las contusiones o arañazos que se pueden producir por pequeños roces con otros esquiadores o cualquier obstáculo y también las quemaduras ocasionadas por el sol.

COMPLEMENTOS

• Las gafas: Todo esquiador deberá ir siempre provisto de unas gafas de sol. Los ojos se verán expuestos a fuertes radiaciones en la montaña, principalmente por el reflejo de la luz en la nieve. Nunca debemos ir a esquiar sin llevar unas gafas adecuadas.

• Medias de esquí: Las medias elaboradas para este deporte cuentan con refuerzos en zonas concretas, un largo adecuado y proporcionan suficiente abrigo.

• El casco: Aunque es más frecuente en los niños ya comienzan a verse adultos utilizándolo, lo que demuestra su buen juicio. El casco suele ser muy ligero con una parte exterior de fibra, muy resistente y en la que recae la función protectora y una parte interior acolchada que amortigua ligeramente los impactos y hace que resulte más cómodo. Se ajusta mediante una correa de velcro o un cierre.

Técnica en el esquí

Por espectaculares que resulten estos saltos, sólo están al alcance de los mejores deportistas.

Las técnicas están en constante evolución y los movimientos no son rígidos e iguales para todo el mundo, sino que basados en unos principios generales, permiten a todos acoplar esos principios a su propio estilo con el propósito fundamental de disfrutar de este deporte.

Los primeros pasos

En primer lugar dedicaremos el tiempo necesario al calentamiento. Tras él ya estaremos en condiciones de ponernos los esquís. Para ello buscaremos una zona llana o con mínima pendiente, y nos colocaremos transversalmente a la misma, de forma que no tendamos a deslizarnos hacia abajo antes de estar preparados.

Es conveniente dedicar un poco de tiempo más al calentamiento, ahora con los esquís puestos.

Cuando nos pongamos por primera vez unos esquís debemos tratar de

que la postura nos resulte cómoda. Sin embargo, esa posición relajada no puede forzarse, sino encontrarse y para ello debemos tener en cuenta que la estructura del equipo nos exigirá modificar nuestra posición natural para estar de pie.

Las botas están inclinadas hacia su parte anterior, por lo que deberemos jugar con nuestras rodillas, tobillos y cadera para alcanzar el equilibrio. Será conveniente que mejoremos en la medida de lo posible nuestro apoyo separando ligeramente los pies a la vez que distribuimos nuestro peso sobre ambos. El cuerpo estará inclinado hacia delante, sobre ambos.

No tiene mucho sentido tratar de buscar una posición de equilibrio pensando cada una de esas posturas. Lo mejor es dejarse llevar por el instinto y, teniendo presentes esos principios básicos descritos en el párrafo anterior, realizar pequeños movimien-

tos adelante y atrás, cambios de peso y oscilaciones, hasta que nos sintamos cómodos y nuestra postura sea lo más natural y relajada posible.

Técnicas básicas

Antes de pensar en deslizarnos debemos saber movernos con el equipo.

Caminar en terreno llano: Los pies se deslizan sin levantarse mientras que se alternan los movimientos con los

Como en cualquier otra disciplina deberemos seguir un aprendizaje progresivo.

brazos para apoyarnos en los bastones. Deberemos flexionar ligeramente el tronco hacia delante para facilitar el movimiento.

Girar en parado: La llamada «vuelta maría» se trata de un movimiento indispensable que deberemos dominar bien ya que permite realizar un giro mucho más rápido. La técnica, que en principio y sobre el papel puede parecer complicada, es muy fácil en la práctica, siempre que se haga en terreno llano.

Con los esquís paralelos y el tronco apuntando hacia el lado por el que vamos a girar, plantamos los bastones a nuestra espalda y nos apoyaremos en ellos. En segundo lugar levantamos el esquí correspondiente al lado de giro, apoyando el talón ligeramente en la nieve y lo colocamos apuntando en la dirección contraria y paralelo al otro esquí que aún no se ha movido.

Ahora moveremos ese esquí dejando el otro inmóvil. Giramos el busto y levantamos el esquí sin dejar de apoyarnos en los bastones, hasta que se encuentre paralelo al primero que ha girado. Es conveniente practicar este giro hasta dominarlo bien. Para ello buscaremos un lugar tranquilo. Una vez dominado en llano trataremos de realizarlo en una pendiente suave aumentando poco a poco y de forma lógica la pendiente.

Mantenernos en la pendiente: Para mantenernos sobre una pendiente sin deslizarnos debemos colocarnos perpendiculares a la línea de máxima pendiente. Los esquís deben permanecer paralelos y separados entre sí para que nuestra superficie de apoyo sea mayor. El esquí que se encuentre en la zona más baja será sobre el que descarguemos principalmente nuestro peso.

Ascenso lateral de una pendiente: Subir una pendiente con los esquís puede parecer una tarea complicada pero no lo es en absoluto si utilizamos el paso de escalera, ascendiendo perpendicularmente a la inclinación del terreno.

Mantenerse detenido en una pendiente es algo sencillo que no obstante requiere práctica.

Caerse y ponerse en pie: En los primeros contactos con el equipo y la nieve nos encontraremos frecuentemente en el suelo. Lo mejor, llegado el caso, es adelantarse a la caída y facilitarla. En primer lugar trataremos de girar el cuerpo de forma que caiga en dirección a la montaña, donde la pendiente existente hará que nuestro trayecto hasta el suelo sea menor y por lo tanto se reduzcan las consecuencias. También es conveniente flexionar las rodillas, acercando al máximo la cadera al suelo y encogernos sobre nosotros mismos para proteger las extremidades.

Una vez en el suelo y si no hemos sufrido consecuencias graves, querremos levantarnos cuanto antes, pero no debemos hacerlo de cualquier manera. Colocaremos los esquís paralelos, con los cantos hacia la montaña y perpendiculares a la línea de máxima pendiente. El cuerpo estará por encima de ellos, con las rodillas dobladas hacia el pecho para situar el centro de gravedad lo más bajo que podamos y próximo a nuestra base de apoyo. Estamos en condiciones de levantarnos. Para ello clavamos los bastones a ambos lados de las caderas y nos ayudamos con los brazos para ponernos en pie y continuar con nuestra actividad.

Lecciones de esquí

En este libro no tienen cabida las lecciones de esquí. Es fundamental recibir las primeras lecciones de un instructor cualificado. Como cualquier disciplina el esquí requiere un correcto aprendizaje que solo podrá ofrecernos un profesor y una escuela. Las técnicas básicas que aprenderemos en cualquier escuela están divididas en cinco niveles distintos que nos permitirán llegar desde esos primeros pasos hasta convertirnos en alumnos expertos.

Snowboard

El snowboard nace en 1970, de la mano del norteamericano Sherwin Popper, que fue quien desarrolló el *snurfer*, el predecesor de la actual tabla de snowboard. Al principio se utilizaba un material procedente del esquí, y se consideraba poco más que una simple rareza, una moda pasajera de unos cuantos chalados. Muy pronto, a ellos se unen deportistas procedentes del esquí y de otras disciplinas. De todos ellos surgen innovaciones y mejoras.

La evolución de esas primeras tablas, casi artesanales, hasta las elaboradas tablas de nuestros días se consigue merced a la incorporación de los modernos materiales sintéticos y a que comenzaron a producirse en mayor número por los fabricantes de tablas. La fibras como el carbono y el *kevlar* o la introducción del aluminio en su elaboración, propició el auge de este deporte.

El snowboard es una modalidad que forma parte de los deportes de deslizamiento. Sus practicantes, denominados *snowboarders*, buscan principalmente, y como ya se ha dicho, sensaciones fuertes. Forman un grupo con una cultura propia, muy diferente en su mayoría de los clásicos esquiadores, y lo integran deportistas procedentes de otras disciplinas como el surf, el fun board, el rafting o el skate.

Equipo en el snowboard

Tabla

La tabla es el elemento más importante del snowboard, es lo que define a este deporte y hace de él lo que es. La tabla deberá ser la adecuada para cada deportista y para aquello que espera del snowboard. Veamos cada una de las partes de la tabla y su importancia.

Por regla general en cualquier tienda especializada sabrán ayudarnos en la búsqueda de la tabla más adecuada, según nuestras condiciones físicas y la actividad concreta dentro del snowboard que vamos a practicar. Deberemos tener en cuenta nuestra altura y nuestro peso. Por regla general la punta de la tabla, colocada sobre su cola, debería llegarnos a media barbilla, si bien en el *freestyle* utilizaremos tablas más cortas y en el *freeride* más largas.

Por último, cuando elijamos nuestra tabla deberemos tener en cuenta el tipo de terreno sobre el que vamos a deslizarnos con mayor frecuencia. Entre las características del terreno debemos valorar también el grado de la pendiente.

Botas

Hay varios tipos: botas duras, botas blandas y botas semiblandas. Las botas blandas o *soft boot*, parten del concepto de comodidad y se adaptan a la funcionalidad. Las botas duras o *hard boot*, son demasiado rígidas y

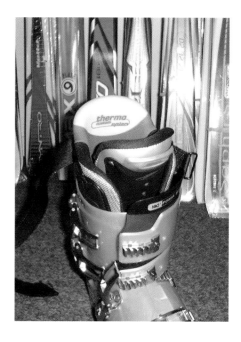

por lo tanto permiten muy poca movilidad.

Por regla general las botas duras se emplean en el descenso alpino mientras que las botas blandas son más adecuadas y empleadas en el *freestyle*. Los *snowboarders* que practican el *freeride*, es decir, la mayoría, emplean botas semiblandas.

Fijaciones

Cada tipo de bota de los vistos anteriormente requiere un tipo distinto de fijación. Las botas duras requieren una fijación dura o fijación de placa. Son parecidas a las fijaciones de esquí, son más ligeras y de menor tamaño, además de fáciles de colocar.

Sin embargo, es la fijación de armadura la adecuada para las botas blandas y semiblandas, la que se asocia con el snowboard. Por su estructura permite una mayor libertad de movimientos. El cierre más rápido es el de doble carraca, que permite abrirlo y cerrarlo cómodamente, incluso con los guantes puestos.

La tabla, las botas y las fijaciones forman lo que se denomina «el material duro». Son sin duda la parte fundamental de equipo que define a este deporte. Sin embargo hay otros

El material duro está compuesto por la tabla, las botas y las fijaciones. La elección entre las diferentes opciones debe basarse en nuestras pretensiones y nuestra capacidad.

muchos elementos que veremos a continuación.

Vestimenta

Debemos tener libertad de movimientos y sentirnos cómodos. La ropa debe ser impermeable y transpirable, además de protegernos contra las inclemencias meteorológicas: frío, viento y lluvia. Las nuevas fibras sintéticas cumplen todos esos requisitos ofreciendo, además, una gran resistencia y ligereza.

Gafas y máscaras

Ya se ha comentado la importancia de proteger los ojos de las radiaciones ultravioletas. Emplearemos siempre, en todo momento, gafas protectoras, incluso en días nublados, pues la luz se refleja y potencia sobre la nieve.

Guantes

Las manos acusan muy rápidamente las bajas temperaturas y por lo tanto sufren sus consecuencias. Por el continuo contacto con la nieve precisan además una protección contra los roces y los pequeños golpes.

Gorros y bragas

Las prendas de abrigo nos permiten adaptarnos mejor al medio. Para ello tenemos multitud de opciones, entre ellas los gorros y las bragas, que además se adaptan cada año a las nuevas modas, algo que el *snowboarder* suele seguir con regular precisión.

Casco

Un vez más hablaremos de la importancia del casco, redundando sobre lo que ya se ha dicho sobre el mismo en el apartado del equipo para esquí.

A continuación únicamente hablaremos de los aspectos más básicos. En nuestros primeros intentos, buscaremos

El casco o los guantes con protecciones no son meros artículos de adorno, cuanto más lejos queramos llegar más arriesgaremos.

La técnica en el snowboard

Como en cualquier actividad, nuestro aprendizaje deberá ser progresivo.

una pendiente suave que acabe en una zona llana. Ya que al principio será inevitable sufrir muchas caídas, será mejor que el lugar elegido tenga nieve blanda, que nos recibirá con más indulgencia cuando cometamos algún error.

Asimismo, si queremos evitar lesiones, calambres o tirones es funda-mental realizar un buen calentamiento, teniendo en cuenta que serán los músculos de las pantorrillas y la espalda los que precisen más atención.

Ya se ha repetido la conveniencia de utilizar casco, tanto en la fase de entrenamiento, donde lo necesitaremos por nuestra falta de experiencia y el consiguiente aumento de peligro, como a medida que ganemos confianza y habilidad, cuando trataremos de llegar cada día a nuestro límite y, por lo tanto, nos arriesgamos más.

Movimientos básicos

Antes de comenzar con las primeras maniobras, conozcamos en qué consisten los movimientos básicos que se describirán posteriormente. Para subirnos a la tabla colocaremos en primer lugar el pie anterior, que es el que nos proporciona maniobrabilidad. A él se sujeta el invento, que une la tabla a nuestro cuerpo para evitar que se deslice lejos de nuestro alcance. Después colocaremos el posterior.

Cualquier cambio de dirección deberá contar con los siguientes movimientos: flexión, extensión, anticipación y angulación. Deberemos comprenderlos antes de dominarlos. Veamos cada uno de ellos con más detalle.

La flexión persigue una bajada del centro de gravedad, pasando de una posición básica erguida a otra más agachada. En la flexión intervienen las articulaciones de la rodilla, el tobillo y la cadera.

La extensión es todo lo contrario, una elevación del centro de gravedad. Para ello, el *snowboarder* pasa de la posición de flexión a la postura básica erguida.

Tras la extensión, el *snowboarder* debe preparar la curva, para lo que traslada y proyecta la cadera hacia un punto adelantado de aquélla, de forma gradual, lo que se conoce como anticipación.

Por último, se aumenta la toma de canto mediante la angulación, es decir, lo que se aumenta es la incidencia entre la tabla y la nieve. Dependiendo de la posición del *snowboarder*, en *front-side* o *back-side*, la toma de canto se aumenta con la presión de la punta de los pies o con la de los talones, respectivamente.

El empleo de los cantos

Los cantos de la tabla de snowboard nos permitirán efectuar las maniobras principales como frenar, detenernos por completo o tomar curvas, al igual que sucedía con el esquí.

Dependiendo de la distribución del peso y del ángulo que le demos a la tabla mediante la flexión de tobillos y talones obtendremos diferentes resultados. Así, mientras permanezcamos erguidos, con las piernas en extensión, reduciremos la toma de ángulo y nos deslizaremos sobre la base. La flexión hará que frenemos al establecerse la toma de cantos.

Los descensos podemos realizarlos en *front-side*, es decir de cara a la montaña, o en *back-side*, de espaldas a la montaña.

En cualquiera de los movimientos, ya sea en *back-side* o en *front-side*, utilizaremos los brazos como ayuda para mantener el equilibrio. La mano que se

Poco a poco dominaremos más y mejor las técnicas.

encuentra más cerca de la montaña, con el brazo extendido, rozará la nieve para controlar la curva.

Hay infinidad de movimientos y técnicas que, como todo lo anterior, deberá ser aprendido de la mano de profesionales y apoyado con suficientes ejercicios prácticos.

OTRAS DEPORTES DE INVIERNO

Los deportes de invierno son muy variados y abarcan todo tipo de disciplinas muy diferentes entre sí. Si bien en el presente libro hemos dedicado una especial atención el esquí y el snowboard, por ser las disciplinas más populares que se acercan al propósito de aventura que marca la línea de esta colección, no podemos olvidar otros deportes que se practican especialmente en invierno y siempre sobre la nieve o el hielo.

Mushing

El mushing ofrece a quien lo practica un íntimo contacto con la naturaleza y con los perros, a los que se debe conocer muy bien pues se forma un verdadero equipo con ellos. Se trata de un deporte para practicar al aire libre con un indudable componente de aventura.

Bobsleigh

El bobsleigh consiste en el deslizamiento de un equipo de cuatro deportistas por un tobogán de hielo montados sobre un trineo que recibe el nombre de bobsled. Las pistas tienen una longitud que oscila entre los 1.220 y los 1.700 metros con desniveles de entre el 8% y el 15%, lo que permite alcanzar velocidades de hasta 135 km/h, y obliga a los participantes a soportar una fuerza de hasta 4G, es decir cuatro veces la fuerza de la gravedad.

GLOSARIO

• Cambio de cantos: Movimiento consistente en cambiar de una posición de toma de cantos a otra de los cantos opuestos.

• Invento o *leash*: Elemento de seguridad en el snowboard, que une la fijación delantera a su pierna correspondiente y evita que perdamos la tabla accidentalmente.

• Paralelismo: Posición de los esquís en la que se mantienen paralelos y equidistantes.

• Toma de cantos: Es el ángulo que forma la pendiente con el eje transversal del esquí y responsable directa de la variación de dirección.

TODO-TERRENO

La práctica del todo-terreno posee todos los ingredientes de las grandes aventuras: dificultades, retos, compañerismo, trabajo en equipo, ingenio y habilidad. Por las posibles repercusiones de este deporte sobre el entorno será necesario observar durante la práctica del mismo un profundo respeto por el medio ambiente.

Desde hace unos años los coches todo-terreno han pasado de ser un vehículo exclusivo de trabajo a convertirse en coches familiares y de ocio. Las ventas se han multiplicado y mientras el sector del automóvil experimentaba fuertes bajadas de ventas, los 4x4 tenían cada vez una mayor demanda.

Los conductores buscan rutas que por sus características exijan de ellos y sus máquinas toda la habilidad y recursos para superarlas con éxito. Cuanto más tiempo se emplee en recorrer unos metros, por la dificultad del terreno, cuanto mayor esfuerzo requiera afrontar una pendiente, una trialera o cualquier otro obstáculo, mayor satisfacción obtendrá el conductor al superarlo.

La velocidad es un factor que no influye en este deporte. Sí lo hace sin embargo el trabajo en equipo y el compañerismo. El todo-terreno es un deporte que requiere colaboración, que supone una constante superación y que por su propia esencia va asociado con un profundo respeto por el medio ambiente. Una actividad inolvidable para todo aquel que la practique, llena de emociones y con todos los ingredientes de las grandes aventuras.

El vehículo

La parte fundamental de nuestro equipo será sin duda el propio vehícu-

REQUISITOS FÍSICOS

Muchos pensarán que nada tiene que ver con el deporte ir sentado en un coche con todos los lujos y limitarse a recorrer el campo sin hacer ningún esfuerzo. Sin embargo, para cuidar el entorno y el propio vehículo, el cuatrocuatrero deberá bajarse innumerables veces y recorrer a pie distintos tramos, cruzará ríos andando para ver la profundidad y buscar el mejor punto de vadeo, trabajará duro para rescatar los coches que se queden atrapados en un obstáculo y un sinfín de tareas que exigirán una buena forma física.

La velocidad debe ser la justa para superar el obstáculo, en realidad tan lento como sea posible, para proteger la mecánica del vehículo y evitar riesgos, pero tan rápido como precise cada situación.

lo, que condicionará todas y cada una de nuestras experiencias en el apasionante mundo del 4x4.

La estructura: Debe contar con una estructura sólida sobre la que se asienten la propia carrocería y todos los elementos mecánicos y la amortiguación. Buscaremos, por lo tanto, un vehículo con bastidor, desechando los de carrocería autoportante.

La tracción: Podemos encontrar algunos modelos que ruedan constantemente con tracción total o bien poseen tracción delantera o trasera y cuentan con la opción de conectarla. Cualquiera de ellos nos permitirá practicar este deporte siempre que cuente con reductora.

El motor: No precisaremos de un vehículo muy veloz, sino de uno capaz de desarrollar mucha potencia a pocas revoluciones, lo que permitirá superar los obstáculos más complicados a una velocidad reducida. Pero en la elección del motor entran otras consideraciones además de la curva de par,

El tamaño de un vehículo no influye necesariamente en sus aptitudes como todo-terreno.

ballestas son una buena elección siempre que necesitemos cargar el vehículo con mucho peso. Podemos modificar su dureza añadiendo más hojas y además son más fáciles de reparar e incluso de soportar reparaciones de emergencia poco convencionales. Pero resultan más incómodas que los muelles y el recorrido de la suspensión es menor, por lo que nuestro vehículo perderá antes tracción. En ambos casos es recomendable sustituir los amortiguadores de serie por otros más resistentes o de gas y revisarlos con frecuencia pues sufrirán mucho.

Ángulos y aptitudes del vehículo: Los diferentes obstáculos que nos podemos encontrar requerirán de nuestra parte el dominio de unas técnicas de las que hablaremos más adelante y por descontado de unas capacidades del vehículo que marcan sus aptitudes y que vienen determinadas por la altura del coche, su longitud, o la altura de las suspensiones.

como la de elegir entre uno diésel o de gasolina. Ambos nos ofrecen diferentes ventajas y cuentan asimismo con algunos inconvenientes. En la actualidad, los motores diésel ofrecen elevadas prestaciones y cuentan con menos pegas que los de gasolina para la práctica del todo-terreno.

La suspensión: Podemos optar por dos sistemas: ballestas o muelles. Las

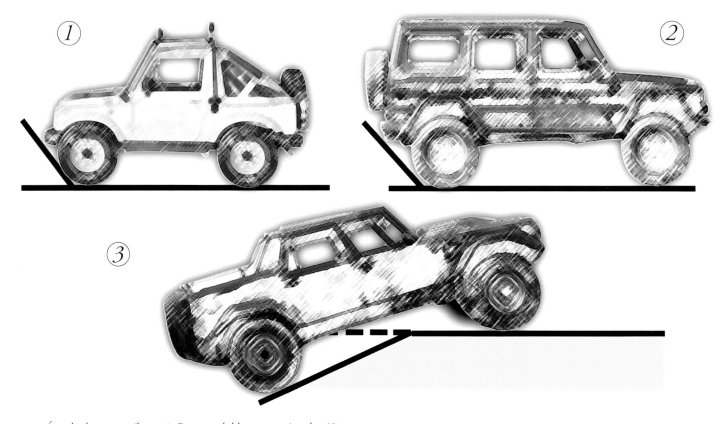

Ángulo de ataque, figura 1. Recomendable mayor o igual a 40º.
Ángulo de salida, figura 2. Debemos partir de un mínimo de 25º.
Ángulo de cresta, figura 3. Un mínimo de 22º (atención al gráfico pues el ángulo se mide en ocasiones sobre la zona sombreada).

Equipo

Para practicar el todo-terreno precisaremos de un equipo variado, tanto de mantenimiento como de rescate. Veamos a continuación algunos elementos de un equipo básico que nos permita sacar todo el partido a cualquier experiencia y solventar la mayoría de los posibles problemas por nosotros mismos. Pasaremos por alto el equipo de acampada, el botiquín etc., centrándonos tan sólo en lo característico de este deporte.

El calzado

En más de una ocasión tendremos que abandonar el vehículo y reconocer el terreno a pie. Necesitaremos un calzado resistente y cómodo. Conviene llevar botas de agua o un calzado de repuesto.

Guantes

Manejar algunos de los elementos que vamos a describir a continuación, sobre todo cables de acero o realizar cualquier reparación en el coche, puede precisar la colaboración de unos guantes que nos protejan las manos. En el caso de la manipulación del cable del cabrestante serán indispensables.

Vestimenta

Al igual que el calzado, nuestra ropa puede sufrir algún percance durante la práctica de este deporte. Lo mejor es destinar unas prendas específicas para hacer todo-terreno o bien llevar un mono que podamos colocarnos sobre nuestra ropa en caso de necesidad.

Equipo del vehículo

Una parte importante del equipo será para proteger al vehículo de los posibles daños que pueden producirse al circular por caminos, entre piedras o árboles, sobre el agua, etc. A pesar de estas protecciones y de la dureza que caracteriza a este tipo de coches, la mejor protección será, en cualquier caso, la prudencia y la habilidad del conductor.

Barras antivuelco: Las barras antivuelco no son imprescindibles, aunque sí recomendables. Evitarán daños a los ocupantes en caso de vuelco, además de mantener la estructura del coche.

Bidón de combustible: La capacidad del depósito de combustible puede no ser suficiente. La solución más sencilla es colocar un bidón de combustible. Debe ir en el exterior del vehículo, y en un soporte adecuado. El bidón debe ser metálico.

Cables: Cuando circulamos por caminos estrechos con abundante vegetación es frecuente que las ramas golpeen el parabrisas, pudiendo llegar a romperlo o a ocasionar daños a los limpiaparabrisas. Esto se puede evitar con la instalación de unos cables.

Clinómetro: El clinómetro es un instrumento muy conocido y difundido, que otorga a nuestro cuadro de mandos un innegable encanto, pero que en la práctica se usará poco pues no tendremos tiempo de mirarlo en los momentos cruciales y deberemos recurrir a nuestro instinto y sentido común.

Defensas: Unas defensas protegerán al vehículo de posibles impactos y pueden mejorar el aspecto del vehículo. Lo ideal es que si nos gusta la imagen de nuestro coche con unas defensas, apro-

Faro de trabajo.

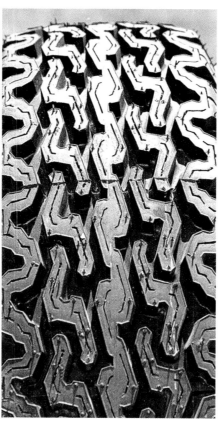

Los neumáticos que van bien fuera del asfalto tienen poco agarre en carretera.

tera. Nuevamente debemos plantearnos el uso que vamos a dar a nuestro coche.

Protectores: Proteger el cárter, la reductora, la barra de dirección, los intermitentes, etc. es una opción recomendable. Es relativamente fácil encontrar protecciones específicas para cada modelo y cada parte del vehículo; en su mayoría están fabricadas en duraluminio. La fijación de estas piezas debe ser sólida o de otro modo las perderemos en cualquier paso complicado y no serán efectivas.

Filtro de aire: Si vamos a circular por caminos con mucho polvo, a realizar frecuentes vadeos, etc, es aconsejable colocar una toma de aire elevada, fuera del motor y más alta de lo habitual, donde el aire está más limpio y es más fresco. Esta toma de aire lleva otro filtro y con ella se consigue además mejorar las prestaciones del vehículo en los vadeos ya que evitamos la posibilidad de que entre agua en el motor a través de la toma de aire convencional.

vechemos para colocarle unas que sirvan a ambos cometidos.

Emisora: Instalar una emisora en el coche nos servirá indudablemente para evitar problemas, esfuerzos innecesarios y para viajar más entretenidos. Las más comunes son las emisoras de 27 megahercios.

Faros: La instalación de faros adicionales debe seguir ciertas normas, que varían dependiendo del país. Es más aconsejable, por ser más útil, la instalación de un faro de trabajo.

GPS: Actualmente el GPS (Global Positioning System) se ha convertido en un compañero inseparable de los aventureros que se internan en lugares despoblados, principalmente los desiertos. Se trata de un sistema que permite determinar nuestra posición exacta sobre la Tierra, con un mínimo margen de error.

Neumáticos: Los neumáticos condicionarán en gran medida las capacidades de nuestro vehículo en los diferentes terrenos, hasta el punto de que

pueden determinar superar o no un obstáculo. En un todo-terreno normalmente se busca una mayor adherencia y resistencia fuera del asfalto antes que velocidad y agarre en carre-

Equipo de rescate

A pesar de nuestra pericia y de las capacidades del vehículo, que nos sorprenderán a menudo, los diferentes terrenos se convertirán en trampas

Es conveniente proteger los sistemas de alumbrado y posición.

donde el todo-terreno quedará atrapado. Cada una de estas situaciones será diferente a las demás, cada lugar tendrá unas condiciones únicas e irrepetibles y tendremos que poner en funcionamiento todas nuestras energías e ingenio para rescatar el vehículo.

Cabestrante: El cabestrante debe usarse siguiendo unas normas de seguridad básicas para evitar daños al equipo, al coche, a la naturaleza y, lo que es más importante, a nosotros mismos. Deberemos cuidar los anclajes, no exceder la capacidad del cabestrante o el cable y no manipularlo mientras haya personas en las inmediaciones.

«Tirfor»: Existen cabestrantes manuales que, aunque requieren más esfuerzo al conductor o a sus ayudantes, tienen la ventaja de poder colocarse independientemente por delante o por detrás del vehículo, incluso en un lateral y son capaces de tirar del coche desde cualquier ángulo. El más comúnmente empleado es el *tirfor tractel*, un mecanismo que permite recoger el cable por uno de sus extremos y sacarlo por el otro, accionando una simple palanca. Durante su uso debemos observar unas precauciones similares a cuando accionábamos el *winch*.

TRUCOS PARA EL GATO «HI-LIFT»:

En terrenos muy blandos es conveniente colocarle una base sólida, como una piedra, una madera o una plancha de arena, para evitar que se hunda y per-  damos parte de su capacidad. También es conveniente colocar un taco de madera en el lugar del vehículo en el que se aplique, para evitar que se produzcan daños en la carrocería.

Cadenas: Las cadenas para la nieve deben formar parte de nuestro equipo. Tanto en el hielo, la nieve y el barro, las cadenas pueden ser un valioso aliado para pasar una zona conflictiva. Llevarlas en perfecto orden y saber colocarlas antes de necesitarlas es también algo necesario.

Eslinga: Las eslingas son la mejor opción para remolcar a otro vehículo o rescatarlo y también puede servirnos para realizar los anclajes para el cabestrante, etc. Por su especial composición y estructura se trata de elementos muy resistentes, capaces de soportar tensiones de miles de kilos, pero a la vez cuentan con la ventaja de ser elásticas.

Gato: Cuando el vehículo se queda atrapado necesitaremos levantarlo para sacarlo de la trampa y colocar algo bajo él que lo ayude a salir, tirar de él con otro vehículo o con un cabestrante, etc. Para ello nada mejor que un gato, el más utilizado y con más aplicaciones es el gato *hi-lift*.

Grilletes: Estos elementos nos servirán para unir las eslingas o cables entre sí o al vehículo, para los anclajes, etc.

Planchas de arena: Fabricadas en materiales muy ligeros y resistentes, nos proporcionarán una superficie sólida sobre arena o barro, para el coche o el gato *hi-lift*. Pueden emplearse en la construcción de puentes, para salvar zanjas, etc.

Equipo variado: es conveniente también contar con un hacha, una pala, herramientas, una polea y repuestos variados.

Técnica

La tracción a las cuatro ruedas y la reductora nos permitirán superar obstáculos aparentemente infranqueables.

Los grilletes serán necesarios en los rescates.

Conducir un vehículo todo-terreno requiere unas precauciones especiales, tanto en el asfalto como fuera de él. El 4x4 se comportará diferente que un turismo al tomar una curva, frenar, etc. Todo será distinto y por lo tanto deberemos acostumbrarnos a su diferente comportamiento.

En cualquier circunstancia, la velocidad debe ser la justa para afrontar cada obstáculo. El pedal del embrague lo usaremos únicamente al detenernos y al cambiar de marcha. El freno trataremos de usarlo con moderación y delicadeza. Si circula-mos a la velocidad adecuada con la reductora, el freno motor será más que suficiente para la mayoría de las situaciones.

Ante determinadas irregularidades del terreno, el volante girará con una tremenda fuerza pudiéndonos ocasionar lesiones. Para evitarlas, agarraremos el volante con fuerza y de forma que los pulgares queden siempre por fuera.

En resumen, vemos que conducir un todo-terreno exigirá de nosotros paciencia, precaución y delicadeza, a la vez que decisión y capacidad de valorar cada situación y actuar en consecuencia. Como sucede con todos los deportes de riesgo, el sentido común será nuestro compañero inseparable e imprescindible.

El barro puede ser una trampa de la que no se podrá salir sin ayuda.

En ocasiones deberemos bajarnos para indicar al conductor de otro vehículo.

Técnica para cada terreno

En una travesía de un solo día podemos encontrarnos con terrenos tan diferentes como arena, barro, agua o nieve y cada uno de ellos requiere una técnica diferente que permita al vehículo circular sobre ellos con soltura. El mismo vehículo puede superar un paso o quedarse atascado, la única diferencia será la experiencia de su conductor y su buena actuación.

Arena: Siempre que circulemos por arena blanda deberemos bajar la presión de los neumáticos, en ocasiones más de un 50%. Gracias a esto ofreceremos una superficie mayor que hará que nos hundamos menos en la arena. Circularemos a una velocidad

Cada obstáculo debe afrontarse a la velocidad justa.

Siempre que podamos, evitaremos los vadeos. En caso de tener que atravesar una corriente deberemos asegurarnos del estado del fondo y de la profundidad del agua, para evitar sustos y/o daños en el vehículo.

moderada. Si contamos con potencia suficiente circularemos con la tracción a las cuatro ruedas y no con la reductora. Dependiendo del vehículo elegiremos la segunda o la tercera y trataremos de llevar una velocidad adecuada y constante. Evitaremos reducir de marcha y los cambios bruscos de dirección. Siempre llevaremos las ruedas lo más rectas posible.

Barro: El barro puede ser un enemigo formidable. Si nos quedamos atrapados en el barro precisaremos de todo nuestro equipo de rescate. Como en la arena nos encontraremos con roderas de otros vehículos, si podemos circular por ellas sin que los bajos tropiecen en la zona central no dudaremos en hacerlo. Nuestra velo-

cidad deberá ser la adecuada. En ocasiones mover el volante de uno a otro lado rápidamente puede mejorar la adherencia.

También se puede bajar la presión de los neumáticos, con lo que además estarán más flexibles y escupirán mejor el barro, que normalmente rellena los tacos y deja las ruedas completamente lisas.

Nieve: La conducción sobre nieve virgen es similar a la que realizaremos sobre el barro, pero la nieve puede endurecerse y convertirse en hielo. Bajo la nieve pueden ocultarse algunas trampas como agujeros o piedras. Las roderas antiguas suelen estar congeladas y es más difícil avanzar por ellas. La velocidad debe-

rá ser moderada, la justa para avanzar y que nos permita reaccionar con la suficiente antelación. Deberemos anticipar los movimientos y evitar los frenazos que bloquean las ruedas y nos hacen perder el control y los acelerones bruscos que nos hacen patinar. Cuando el vehículo no pueda seguir avanzando podemos dar marcha atrás sobre nuestras huellas y con algo de carrerilla volver a intentarlo, así ganaremos poco a poco unos metros hasta volver a un terreno que nos permita avanzar. Cada vez que nos pongamos en marcha lo haremos progresivamente para evitar patinar. En pendientes laterales y en las curvas pondremos especial atención para evitar sustos.

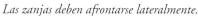

Las zanjas deben afrontarse lateralmente.

Las pendientes laterales son muy peligrosas por la posibilidad de vuelco.

Pendientes: Las pendientes son uno de los obstáculos más frecuentes, más emocionantes y divertidos de pasar. Podemos encontrarnos una subida, una bajada o una pendiente lateral, el modo de actuar ante cada una de ellas es diferente, aunque en cualquier caso podemos guiarnos por las normas descritas en las técnicas generales. Las pendientes laterales son algo que debemos evitar a toda costa.

Pistas: Debemos controlar la velocidad. Si circulamos en grupo mantendremos una distancia prudencial con la que además evitaremos las molestas nubes de polvo. Evitaremos así, además, las piedras que puedan despedir los neumáticos.

Ríos: Lo más prudente es buscar un paso alternativo, dar un rodeo y evitar así muchos problemas. El agua puede producir innumerables daños en el vehículo. Si decidimos cruzar a pesar de todo o no nos queda más remedio es necesario que seleccionemos con calma el lugar de entrada y de salida, que conozcamos con precisión el tipo de terreno que nos espera en el fondo y por supuesto la profundidad máxima que vamos a tener que soportar. La mejor forma de afrontar una corriente es a su favor y en diagonal, de esta forma la fuerza del agua nos ayudará, pero ofreceremos una menor superficie a la misma. Si avanzamos de forma continuada crearemos un camino en el agua donde la profundidad será algo menor, lo que favorecerá el avance y evitará que el agua llegue a zonas comprometidas.

TRUCOS

Si carecemos de anclaje durante un rescate podemos recurrir a diversos sistemas. Los que se muestran en la figura son sólo algunos ejemplos, las posibilidades son muchas y todo depende de los materiales disponibles y de nuestro ingenio.

CONCEPTOS FUNDAMENTALES

• Deberemos ajustar nuestra velocidad al límite más bajo que nos permita pasar con éxito por cada lugar.
• Usaremos el embrague lo imprescindible. Para obtener mayor potencia contamos con la reductora.
• Detenernos y analizar con calma cualquier obstáculo.
• El respeto por la naturaleza debe ser prioritario.

GLOSARIO

• Altura libre: Es la distancia, medida en centímetros, entre el suelo y la parte de los bajos del vehículo más cercana al suelo.

• Ángulo de ataque: Define la capacidad del vehículo de enfrentarse a una rampa o cualquier obstáculo frontal.

• Ángulo de salida: Igual que el anterior pero con un obstáculo en la parte trasera del vehículo.

• Capacidad de vadeo: Define la altura máxima a la que puede llegar el agua antes de producir daños.